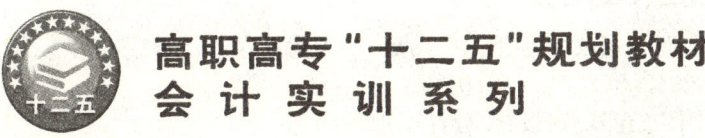

高职高专"十二五"规划教材
会 计 实 训 系 列

基础会计实训

（第四版）

段文平／主编

立信会计出版社
LIXIN ACCOUNTING PUBLISHING HOUSE

图书在版编目(CIP)数据

基础会计实训 / 段文平主编. —4版. —上海：立信会计出版社,2012.8(2021.1重印)
高职高专"十二五"规划教材. 会计实训系列
ISBN 978-7-5429-3612-7

Ⅰ.①基… Ⅱ.①段… Ⅲ.①会计学-高等职业教育-教材 Ⅳ.①F230

中国版本图书馆CIP数据核字(2012)第177919号

责任编辑　　蔡伟莉
封面设计　　周崇文

基础会计实训（第四版）
Jichu Kuaiji Shixun

出版发行	立信会计出版社			
地　　址	上海市中山西路2230号	邮政编码	200235	
电　　话	(021)64411389	传　　真	(021)64411325	
网　　址	www.lixinaph.com	电子邮箱	lixinaph2019@126.com	
网上书店	http://lixin.jd.com	http://lxkjcbs.tmall.com		
经　　销	各地新华书店			
印　　刷	上海肖华印务有限公司			
开　　本	787毫米×1092毫米	1/16		
印　　张	13.75	插　　页	2	
字　　数	332千字			
版　　次	2012年8月第4版			
印　　次	2021年1月第11次			
印　　数	54 801—56 900			
书　　号	ISBN 978-7-5429-3612-7/F			
定　　价	26.00元			

如有印订差错，请与本社联系调换

第四版前言

随着市场经济的发展和完善,会计的职能在不断拓展,作用在不断提高,社会对会计的依赖也日益增强。正是由于会计在社会经济生活中的必要性和重要性,形成了社会对会计人才的巨大需求。高素质会计人才的培养离不开高质量、系统化的教材。故为适应会计改革,满足应用型会计人才培养的需要,我们总结多年来会计教学与工作经验,编写了《基础会计学》、《基础会计习题集》、《基础会计实训》和《基础会计实训指导》这套相互衔接、配套使用的教材以飨读者。

会计学基础是经济与管理类专业的必修课,同时也是针对性、操作性和规范性很强的课程,仅学习会计理论,不进行大量的习题练习与实务操作训练,很难真正理解其基本理论,掌握基本方法与技能。可喜的是会计教育界已认识到了会计实践教学的重要性,加大实践教学的比重,强化学生实际动手能力的培养。《基础会计实训》是一本会计基础实践教学用书,旨在提高学生的实际动手能力。本书将会计的基本技能融入十七个实训项目内,通过实训,学生不出校门就能掌握会计书写、凭证的填制与审核、建账、记账、更正错账、凭证装订、科目汇总表、银行存款余额调节表和会计报表的编制等基本技能和方法,为后续课程的学习和毕业后上岗工作奠定良好的基础。

本书的特色有以下三点:一是全面、系统。在实训项目编排上,循序渐进,全面、系统、科学、合理,既有单项训练,也有相互联系的一个企业完整业务综合训练;既有工业基本业务也兼顾了商品流通业基本业务。二是真实、新颖。本书依据最新的法规、制度,选用目前各行业最新的票证、单证、印章,以一个企业真实、完整的业务为例,内容真实,新颖。三是操作性和实用强。所有实训项目均采用真题真做,学生真刀实枪地操作,无论是对后续课程的学习还是对将来从事会计以及与会计相关的工作都非常有用。

本书主要以学习会计的学生和拟参加会计工作的人员为主要使用对象,也可供必须具备会计基本知识与技能的企事业单位经营管理者使用。

本书由河南工程学院段文平教授担任主编,负责编写大纲、总纂和指导修改工作,许昌职业技术学院陈东领教授、焦作大学赵润杰教授和河南工程学院孙长峰副教授担任副主编,协助主编组织编写及修改等工作。具体编写分工如下:段文平编写总论,实训四、实训五;陈东领编写实训七(第15—30项)和实训十三;孙长峰编写实训七(第30—48项)和实训十;任福安编写实训六;田俊敏编写实训

一、实训二、实训三、实训九、实训十五和实训十六;赵润杰编写实训八、实训十一、实训十二和实训十七;姜霄编写实训七(第1—14项)和实训十四。

《基础会计实训》从出版发行以来得到全国广大同仁与读者的好评,多次印刷。我们也不敢懈怠,不断地修改完善,此次修改更加新颖、科学、合理。同时应读者的要求,我们已编写出版了《基础会计实训指导》(实训答案与实训方法指导)与《基础会计实训》配套,供教师指导实训和学生自学核对等拓展使用。

感谢广大同仁与读者的厚爱与帮助,感谢立信会计出版社蔡伟莉和陈岗伟编辑的长期关心与支持。

书中疏漏不当之处,敬请读者批评指正,恳望我们能互动,长期联系方式为:dwp1211@126.com。

作　者
2012年7月

目 录

第一章 总论	1
第二章 基础书写实训	9
实训一 阿拉伯数字的书写	9
实训二 汉字大写数字的书写	10
实训三 大小写金额的书写	10
第三章 原始凭证的填制与审核	13
实训四 原始凭证的填制	13
实训五 原始凭证的审核	34
第四章 记账凭证的填制与审核	40
实训六 商品流通企业记账凭证的填制	40
实训七 工业企业记账凭证的填制	71
实训八 记账凭证的审核	159
第五章 记账	167
实训九 建账训练	167
实训十 记账训练	180
实训十一 错账更正	180
实训十二 对账与结账	196
第六章 科目汇总表账务处理程序	199
实训十三 科目汇总表账务处理程序	199
第七章 试算平衡表及银行存款余额调节表的编制	201
实训十四 试算平衡表的编制	201
实训十五 银行存款余额调节表的编制	202
第八章 财务报表	206
实训十六 资产负债表和利润表的编制	206
第九章 会计凭证的传递、装订和保管	210
实训十七 会计凭证的传递、装订和保管	210

第一章 总 论

一、会计、会计人才与会计教育

会计是以货币为主要计量单位,运用一系列专门的方法,对企事业单位的经济活动进行连续、系统、全面、综合地反映和监督,并形成向社会提供会计信息的一种信息处理系统,是经济管理的重要组成部分。会计的目标是向有关会计信息使用者(如投资人、债权人、经营管理者、政府有关部门等)提供客观、公正的会计信息。会计是由生产的发展、管理的需要而产生、发展和不断完善的。随着市场经济的发展,会计的职能也在扩展增强,由传统的核算、监督发展到对经济活动进行预测、决策、分析和控制。社会对会计的依赖性也日益增强。会计是国际通用的商业语言,经济建设离不开会计,经济越发展会计越重要已经成为人们的共识。

正是由于会计在社会经济生活中的重要性和必要性,形成了社会对会计人才的巨大需求,促进了会计教育的发展。会计人才可以分为以下四类:

1. 学术型人才。这是指从事发现和研究会计学客观规律的人才,如专门机构的研究人员,政府部门的决策顾问、高校教师等。

2. 设计型(工程型)人才。这是指主要协助单位主要领导人工作,从事会计制度设计、制定规划、参与决策的会计人才,如财务总监、总会计师等。这类人才要求在掌握会计理论与会计实务操作能力的同时,具有一定的管理能力。

3. 技术型人才。这是指从事第一线的会计工作,执行会计制度和发展规划的人才。他们一般能够负责组织一个企业、一个部门的会计工作。如企事业单位的会计师等。这类人才要求在掌握会计理论知识的同时,要具有较强的会计实务处理能力等。

4. 技能型人才。这是指从事第一线具体会计岗位操作工作的人才,如收银员、工薪员等。

社会对会计人才的需求是多方面、多层次的,既需要会计教授、研究员、财务总监,也需要会计师、会计员。因此,会计教育也应区分不同层次、结构,确立不同的培养目标以满足社会全方位的需求。我国目前的会计教育从学历层次上主要有:中专、大专、本科和研究生。会计学与其他学科相比具有较强的应用性、操作性和规范性。无论何种层次的教育均包括会计理论的传承、发展。会计实际操作能力的培养,只是其培养目标不同,其侧重点有所不同。研究生教育主要是培养学术型人才,注重理论研究能力的培养。本科教育主要培养设计型(工程型)人才,注重培养学生对政策的理解把握以及组织管理能力和创新精神。高职高专会计教育主要培养企业第一线的技术应用型会计人才。中等职业会计教育主要培养企业第一线的岗位技能型会计人才。

二、基础会计学与基础会计实训

基础会计实训是与基础会计学课程相配套衔接的会计实训课程,两者的关系是理论与实践的关系。基础会计学是会计学科体系的入门课程,是经济管理类专业的必修课程,也是进入会计学王国的入门钥匙,它对后续会计学课程有着举足轻重的作用。它主要阐述会计核算的基本理论与基本方法,如复式记账、会计科目、会计凭证、会计账簿、会计报表和账务处理程序等,这些基本理论和方法指导会计实训。在学习会计学原理后,开设基础会计实训课程,进行会计学基本技能训练,尤为必要,通过动手操作,可以验证所学的理论与方法是否掌握;同时通过动手操作,可进一步巩固和学习会计核算的基本理论与方法,在实践中进行总结、研究与提高。

三、会计基本技能及其要求

基础会计实训的目的就是通过会计实训使学生熟练掌握会计的基本技能。

(一)会计基本技能

1. 写算基本功。写算能力是会计人员最基本的业务素质要求。写,包括文字与数字的书写,应清晰、流畅、规范;算,主要是计算汇总能力,应快速准确。

2. 填制和审核会计凭证。填制和审核会计凭证是会计核算工作的起点,是会计工作的基本环节。填制和审核会计凭证,包括填制和审核原始凭证和记账凭证。

3. 登记账簿。根据审核无误的原始凭证及记账凭证,按照国家统一会计制度规定的会计科目,运用复式记账法对经济业务序时地、分类地登记到账簿中。登记账簿是会计核算工作的主要环节。

4. 编制会计报告。会计报告是用以总括地反映企业在一定时期内的经营活动及其结果的一种书面文件。编制会计报告是将日常分散的会计资料,按照一定的要求原则,定期加以归类、整理汇总成有关方面所需要的会计信息的一种专门方法,其中编制会计报表是会计报告的主体内容。

(二)熟悉和掌握会计基本技能的要求

1. 学好《基础会计学》等课程,掌握会计核算的基本理论和基本方法。

2. 熟练掌握和熟练运用珠算技术。

3. 具有文字和数字书写基本功,书写文字和数字要规范、整洁、流畅、清晰,易于辨认。

4. 熟悉会计法规和国家税法。

四、实训的目的

(一)满足社会需要,实现人才培养的目标

随着社会主义市场经济的发展完善,社会需要大批高素质的财会人才。所谓高素质主要体现在以下四个方面:第一,有良好的思想道德品质和责任感。第二,有扎实的专业理论知识。第三,具有一定的实践能力。第四,具有创新和发展能力。也就是说,社会需要的是能在复杂情况下灵活运用知识,并能不断创新的实干家。学生理论知识的掌握运用,实践能力和创新能力的培养主要通过技能实训来得以实现。

高等教育人才培养目标,是培养德、智、体全面发展的社会主义事业的建设者和接班人。高等教育的学习标准:① 专科教育应当使学生掌握本专业必备的基础理论、专门知识,具有从事本专业实际工作的基本技能和初步能力。② 本科教育应当使学生比较系统地掌握本学科、专业必需的基础理论、基本知识,掌握本专业必要的基本技能、方法和相关知识,具有从事本专业实际工作和研究工作的初步能力。本专科共同的要求:使学生掌握本学科、专业所需要的基本理论和基本技能。

为达到培养目标要求,满足社会对人才的需要,途径之一是对本专业所学的基本技能的内容进行实际操作训练,使学生在校完成上岗前的一切技能训练,毕业后直接上岗工作。

(二)理论联系实际,巩固理论知识

长期以来,会计专业学生理论联系实际的方法主要是下企业实习。实践证明这种做法,为改变理论脱离实际,曾起到一定的作用,但这种做法的本身存在三个难以解决的问题。首先,是财会部门办公室面积不大,接受实习生有限,顶多三至五人,实习点太多,指导老师照顾不过来,往往顾此失彼。其次,受学校实习经费限制。实习点太多,经费支出大,而学校实习经费有限,因而造成联系实习难。第三,由于学生没有掌握会计基本技能,企业会计人员不敢大胆放手让学生实际操作,一般只是让学生看凭证、账表,变实习为参观,达不到应有的目的。

为了克服以上难题,使理论更好地联系实际,锻炼和提高学生的基本技能,现在许多学校建立了会计实验室,进行仿真训练,让学生"真刀真枪"地操练,收到了良好的效果,通过训练,使学生更加牢固地掌握理论知识,并将其转化为实践能力。

（三）通过实际操作,锻炼和提高学生实际工作能力

会计专业是实用型专业,会计学是一门实践性很强的学科。而在实际教学中存在与实务工作相脱节的问题,以致出现大学毕业生向企业财会人员询问"怎么不见你们编制分录和登'T'形账户"的笑柄。还有些走上工作岗位的大学生,自以为满腹经纶,对安排在出纳岗位感到大材小用,实际上连支票也不会填制,类似情况曾有许多。

开展会计实验教学对学生进行技能实训,在教师的指导下,用企业财务部门使用的真实凭证、账表,按照《会计人员工作规则》和有关制度规定让学生进行实际、全面、系统的操作演练可以提高学生实际工作能力,为将来上岗工作奠定良好的基础。

（四）通过严格训练,掌握和提高基本技能

根据实训教材及有关资料进行实验,无论是根据经济业务填制原始凭证,还是根据原始凭证填制记账凭证,以及登记账簿编制报表等,均要求同在职会计人员一样,严格按照《会计人员工作规则》的有关规定,用正式凭证账表进行操作。如支票应严格按照银行结算办法要求填写;填制会计凭证的字迹必须清晰、工整、不得潦草;登记账簿时,应将会计凭证日期、编号、业务内容摘要、金额和其他有关资料逐项填入,做到数字准确,摘要清楚,登记及时;账簿中文字及数字的书写,不要写满格,一般要占1/2以下;过页对账、结账和错账更正方法等,均要严格按规定办理;还有易被忽视的阿拉伯数字的书写,也必须符合要求。所有这些基本技能,都要经过严格的训练才能掌握和提高。

（五）通过实训报告的撰写,提高写作水平和研究能力

实训报告是完成实训的书面总结,实训完毕后,应写出实训报告。实训报告包括的内容有：① 实训目的。② 实训内容、要求和步骤。③ 实训时间。④ 实训体会、建议等。实训报告要求文字精练、通畅、层次分明,并尽可能深入探讨一些问题。因此,通过撰写实验报告既可以促进学生钻研业务,进一步熟悉掌握有关制度,提高政策水平和业务能力,又可提高写作水平与分析研究能力。

（六）通过模拟实训培养学生良好的工作作风和职业道德

财务部门是企业重要的经济部门,是企业经济信息中心。财务人员应有良好的工作作风和职业道德,要求财会人员爱岗敬业、诚实守信、坚守岗位、勤恳努力、认真踏实、一丝不苟。这些在日常的专业理论教学中学生体会不深,进入会计实训进行技能训练,要求学生如同走进办公室工作一样,必须严谨、认真、整洁、高效。通过实地训练学生有了亲身体会,如一些学生做科目汇总表,借贷方总金额差两分轧不平,结果花了通宵查找,从每一张凭证入手,他们深有感触地说："通过实训我们才知道什么是财务工作,怎样做好一个财务人员。"因此,通过实训可以培养学生良好的职业道德和严肃认真、一丝不苟的工作作风。

五、实训项目

根据财会人员基本技能要求,我们将其分为十七个实训项目,有一些是连续的综合实训。具体如下:

1. 阿拉伯数字的书写。
2. 汉字大写数字的书写。
3. 大小写金额的书写。
4. 原始凭证的填制。
5. 原始凭证的审核。
6. 商品流通企业记账凭证的填制。
7. 工业企业记账凭证的填制。
8. 记账凭证的审核。
9. 建账。
10. 记账。
11. 错账更正。
12. 对账与结账。
13. 科目汇总表账务处理程序。
14. 试算平衡表的编制。
15. 银行存款余额调节表的编制。
16. 资产负债表和损益表的编制。
17. 会计凭证的传递、装订和保管。

六、实训的组织

本套模拟实训可采用两种组织方式。

1. 分散实训,学习完《基础会计学》相关章节后分别进行实训。
2. 集中实训,学习完《基础会计学》全部课程后集中进行实训。全部技能训练约需60课时,若集中训练需两周时间。
3. 实训项目中的第六个项目商品流通企业记账凭证的填制,可作为选用模块。教师可根据实际情况选择实训方式和内容。

七、实训的要求

(一)建立会计实训室

建立会计实训室,也就是建立模拟财务处(科),设置各个岗位,室内陈设完全仿真,备有单位内部自制的和来自银行、供应、运输等单位的各种原始凭证,配有应有的办公用品如算盘、科目章、印台、墨水、糨糊、大头针、回形针等,以及会计凭证、账簿、报表样本,墙壁上张贴一些业务流程图和岗位职责要求等,使学生一进门就如到了财务科,产生"身临其境"的真实感。

(二)配备会计实训人员

为保证实践教学正常运行,要配备实训管理人员和实训教学人员(即技能训练指导教师),实训员既要把实训教学管理好,又可兼做辅助教员,即协助教师把实训教学组织好。所以,会计实训人员的要求是:① 具有一定的会计专业知识。② 热爱本职工作。③ 对工作认真负责。④ 在进行会计实验课之前,准备好所需的设备和用品。

会计实训课的指导教师是传授会计技能并进行思想品德教育完成技能训练计划的主要

力量,对培养实用型会计人才,负有重要职责。因此,对实训指导教师的要求是:① 会计专业理论扎实。② 会计实践经验丰富。③ 熟悉会计法规和税法以及相关知识。④ 爱岗敬业,工作责任心强。也就是说要由责任心强的"双师型"教师担任技能训练指导教师。

(三) 对学生的要求

学生是进行会计技能实训的主体,对进行技能实训学生的要求是:① 必须具备会计学基础理论知识,训练前全面复习所学教材内容。② 遵守实训室规则。③ 独立思考,不懂就问,按时出勤。④ 服从实训人员、指导教师的管理,必须按指导教师的要求和进度,按时完成实训作业和实训报告。

(四) 制定技能实训教学计划

技能实训教学计划,亦称技能实训教学指导书或基础会计实训教学方案,是根据会计技能实训教学和会计专业培养目标所制定的实验教学工作的指导文件。包括实训的目的、要求、实训方法内容、实施步骤、时间安排和考试或考核等方面规定。技能实训教学计划由教研室讨论制定,由实训指导教师具体贯彻执行。

(五) 做好实训前的准备和实训后的总结

实训前教师和学生应做好各种准备,包括理论知识准备、思想准备和所需实训物品设备的准备。实训中教师要每天填写实训记录,学生应写实训日记,技能实训结束后进行交流总结、考核等工作。

八、实训的考核办法

为使实训教学收到良好的效果,必须加强对实训教学质量的评价考核,对学生实训成绩和教师工作质量严格考核,做出全面客观的评价。实训教学由学生和教师共同进行,为全面公正地评价其效果,必须从学生的学、教师的教两方面双向考核,即教师对学生进行考核评价,学生对教师进行考核评价。考核着重对整个技能训练整体水平的评估。

在整个实训教学中对学生的考核要求:① 实训态度端正。② 掌握实训方法。③ 掌握基本操作技能。④ 具有一定分析及处理问题和研究创新能力。

在实训教学中,对教师的考核要求:① 教学态度好。② 具有指导学生实训的能力。③ 能够执行实训计划。④ 教学效果良好。⑤ 实训环境与设备管理良好。

考核指标及结果

考核对象	考核指标	考核要点	考核结果(优良中差)	
			小组评	教师评
实训学生	实训态度 实训方法 操作能力 分析研究能力	出勤、讨论、提问、听课及做作业等情况 实训目的、实训步骤和实训方法的运用情况 操作技能的掌握和实训情况,作业完成情况 实训问答和实训报告的质量		
			学生评	室或系评
实训教师	教学态度 指导学生能力 实训计划执行 教学效果 实训环境和设备管理	备课、准备、辅导、守岗等 各训练项目熟悉演练情况 训练计划的实施执行情况 启发式、案例式教学,学生接受和受欢迎情况		

九、会计科目名称和编号

会计科目名称和编号

一、资 产 类					
顺序号	编号	名　　称	顺序号	编号	名　　称
1	1001	库存现金	23	1501	持有至到期投资
2	1002	银行存款	24	1502	持有至到期投资减值准备
3	1012	其他货币资金	25	1503	可供出售金融资产
4	1101	交易性金融资产	26	1511	长期股权投资
5	1121	应收票据	27	1512	长期股权投资减值准备
6	1122	应收账款	28	1513	投资性房地产
7	1123	预付账款	29	1531	长期应收款
8	1131	应收股利	30	1541	未实现融资收益
9	1132	应收利息	31	1601	固定资产
10	1221	其他应收款	32	1602	累计折旧
11	1231	坏账准备	33	1603	固定资产减值准备
12	1321	代理业务资产	34	1604	在建工程
13	1401	材料采购	35	1605	工程物资
14	1402	在途物资	36	1606	固定资产清理
15	1403	原材料	37	1701	无形资产
16	1404	材料成本差异	38	1702	累计摊销
17	1405	库存商品	39	1703	无形资产减值准备
18	1406	发出商品	40	1711	商誉
19	1410	商品进销差价	41	1801	长期待摊费用
20	1411	委托加工物资	42	1811	递延所得税资产
21	1412	周转材料	43	1901	待处理财产损溢
22	1461	存货跌价准备			
二、负 债 类					
44	2001	短期借款	54	2314	代理业务负债
45	2101	交易性金融负债	55	2401	递延收益
46	2201	应付票据	56	2411	预计负债
47	2202	应付账款	57	2501	长期借款
48	2205	预收账款	58	2502	应付债券
49	2211	应付职工薪酬	59	2701	长期应付款
50	2221	应交税费	60	2802	未确认融资费用
51	2231	应付股利	61	2811	专项应付款
52	2232	应付利息	62	2901	递延所得税负债
53	2241	其他应付款			

(续表)

三、共同类					
顺序号	编号	名　　称	顺序号	编号	名　　称
63	3101	衍生工具	65	3202	被套期项目
64	3201	套期工具			
四、所有者权益类					
66	4001	实收资本	69	4103	本年利润
67	4002	资本公积	70	4104	利润分配
68	4101	盈余公积	71	4201	库存股
五、成本类					
72	5001	生产成本	74	5201	劳务成本
73	5101	制造费用	75	5301	研发支出
六、损益类					
76	6001	主营业务收入	84	6601	销售费用
77	6051	其他业务收入	85	6602	管理费用
78	6101	公允价值变动损益	86	6603	财务费用
79	6111	投资收益	87	6604	勘探费用
80	6301	营业外收入	88	6701	资产减值损失
81	6401	主营业务成本	89	6711	营业外支出
82	6402	其他业务成本	90	6801	所得税费用
83	6405	营业税金及附加	91	6901	以前年度损益调整

十、实训企业简介

郑州安鑫绿色建材有限公司,设置一个基本生产车间,以水泥、粉煤灰、煤矸石等为主要原料,不用火烧,利用现代技术,一年四季都能用机械制造出混凝土空心砖。这种混凝土空心砖不仅重量轻、砌墙坚固、保温效果好、不污染环境,而且造型多,根据建筑需要,产品可大可小、成本低廉,在市场上很受欢迎。

该企业为一般纳税人,增值税税率为17%,所得税税率为25%,税后利润按10%提取法定盈余公积,按40%向投资者分配利润(公司实收资本共计150万元。其中安顺、安泰、金鑫各50万元)。材料和库存商品计价采用先进先出法,固定资产折旧采用综合折旧率法。福利费按工资14%提取,生产成本项目设置为:直接材料(包括原材料和燃料动力)、直接人工(包括工资和福利费)、制造费用。

企业地址:河南省郑州市经济技术开发区石化路80号

办公电话:0371-666666
纳税人登记号:410101680966666
企业银行开户情况
基本存款户:中国工商银行郑州市分行石化路分理处
账号:06-86566
纳税存款户:郑州信托投资公司
账号:21238063328
财务主管:张飞
出纳:李一凡
保管员:刘静
会计:赵伟明
法人代表:王胜利

第二章 基础书写实训

实训一 阿拉伯数字的书写

一、实训目的

掌握阿拉伯数字的标准写法,做到书写规范、清晰、流畅。

二、阿拉伯数字的标准写法

1. 数字应当一个一个地写,不得连笔写。
2. 字体要各自成形,大小均衡,排列整齐,字迹工整、清晰。
3. 有圆的数字,如:6、8、9、0等,圆圈必须封口。
4. 同行的相邻数字之间要空出半个阿拉伯数字的位置。
5. 每个数字要紧靠凭证或账表行格底线书写,字体高度占行格高度的1/2以下,不得写满格以便留有改错的空间。
6. "6"字要比一般数字向右上方长出1/4,"7"和"9"字要向左下方(过底线)长出1/4。
7. 字体要向右上方倾斜地写,倾斜度为45度。

阿拉伯数字参考字体:

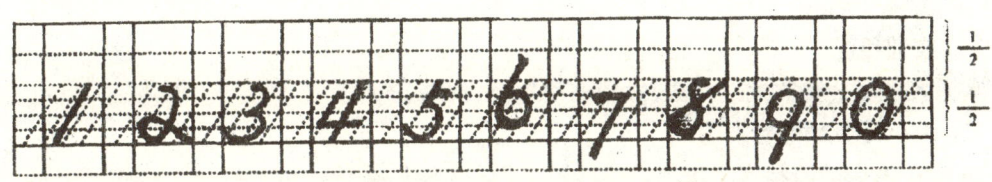

三、实训要求

按照标准写法进行书写练习,直至书写规范、流畅,指导教师认可。练习时可用"会计数字练习用纸",其格式如下,也可用账页进行书写。

会计数字练习用纸

班别:			年	月	日		姓名:	学号:

实训二 汉字大写数字的书写

一、实训目的
掌握汉字大写的标准写法，做到书写规范、流畅。

二、汉字大写数字的标准写法
1. 汉字大写数字要以正楷或行楷书写，不得连笔写。
2. 不允许使用未经国务院公布的简化字或谐音字。大写数字一律用"壹、贰、叁、肆、伍、陆、柒、捌、玖、拾、佰、仟、万、亿、元、整"等。不能用"毛"代替"角"，"另"代替"零"。
3. 字体要各自成形，大小匀称，排列整齐，字要工整、清晰。

大写数字参考字体

壹	贰	叁	肆	伍	陆	柒	捌	玖	零	拾	佰	仟	万	元	角	分
壹	贰	叁	肆	伍	陆	柒	捌	玖	零	拾	佰	仟	万	元	角	分

三、实训要求
按照标准写法进行书写训练，直至书写规范、流畅，指导教师认可。练习时可用"会计数字练习用纸"或账页进行书写。

实训三 大小写金额的书写

一、实训目的
掌握大小写金额的标准写法，做到书写规范、清晰、流畅。

二、大小写金额的标准写法

（一）小写金额的标准写法

（1）没有位数分割线的凭证账表上的标准写法：① 阿拉伯数字金额前面应当书写货币币种符号或者货币名称简写，如人民币符号"￥"，币种符号和阿拉伯数字之间不得留有空白。凡阿拉伯数字前写出币种符号的，数字式后面不再写货币单位。② 以元为单位的阿拉伯数字，除表示单价等情况外，一律写到角分；没有角分的角位和分位可写出"00"或者"--"；有角无分的，分位应当写出"0"，不得用"-"代替。③ 只有分位金额的，在元和角位上各写一个"0"字并在元与角之间点一个小数点，如"￥0.06"。④ 元以上每三位要空出半个阿拉伯数字的位置书写，如：￥5 647 108.92。也可以三位一节用"分位号"分开，如：￥6,647,108.92。

（2）有数位分割线的凭证账表上标准写法：① 对应固定的数填写，不得错位。② 只有分位金额的，在元和角位上均不得写"0"字。③ 只有角位或分位金额的，在元位上不写"0"字。④ 分位是"0"的，在分位上写"0"，角分位都是"0"的，在角分位上各写一个"0"字。

（二）大写金额的标准写法

（1）大写金额要紧靠"人民币"三字书写，不得留有空白，如果大写数字前没有印好"人民币"字样的,就加填"人民币"三字。

（2）大写金额数字到"元"或"角",在"元"和"角"后写"整"字;大写金额有"分"的,"分"后面不写"整"字。例如:￥12 000.00 应写为:人民币壹万贰仟元整;又如:￥48 651.80 可写为:人民币肆万捌仟陆佰伍拾壹元捌角整,而￥486.56 应写为:人民币肆佰捌拾陆元伍角陆分。

（3）分位是"0"可不写"零分"字样,如:￥4.60 应写为:人民币肆元陆角整。

（4）阿拉伯数字金额中间有"0"时,汉字大写金额要写"零"字。如￥1 409.50 应写为:人民币壹仟肆佰零玖元伍角整。

（5）阿拉伯数字金额元位是"0"的,或者数字中间连续有几个"0",元位也是"0",但角位不是"0"时,汉字大写金额可以只写一个零字,也可以不写"零"字。如:￥1 680.32,汉字大写金额应写为:人民币壹仟陆佰捌拾元零叁角贰分,或者写为:人民币壹仟陆佰捌拾元叁角贰分,又如:￥97 000.53,汉字大写金额可写为:人民币玖万柒仟元零伍角叁分,或者写成:玖万柒仟元伍角叁分。

（6）阿拉伯数字金额角位是"0"时,汉字大写金额"元"后面应写"零"字。如￥6 409.02,汉字大写金额应写成:人民币陆仟肆佰零玖元零贰分,又如￥325.04,汉字大写金额应写成:人民币叁佰贰拾伍元零肆分。

（7）阿拉伯数字金额最高是"1"的,汉字大写金额加写"壹"字,如￥15.80,汉字大写金额应写成:人民币壹拾伍元捌角整,又如￥135 800.00,汉字大写金额应写成:人民币壹拾叁万伍仟捌佰元整。

（8）在印有大写金额万、仟、佰、拾、元、角、分位置的凭证上书写大写金额时,金额前面如有空位,可划"⊗"注销,阿拉伯数字金额中间有几个"0"(含分位),汉字大写金额就写几个"零"字。如￥100.50 汉字在写金额应写成:人民币⊗万⊗仟壹佰零拾零元伍角零分。

三、大小写金额书写示例

1. 郑州市华联商厦开具的一张发票。

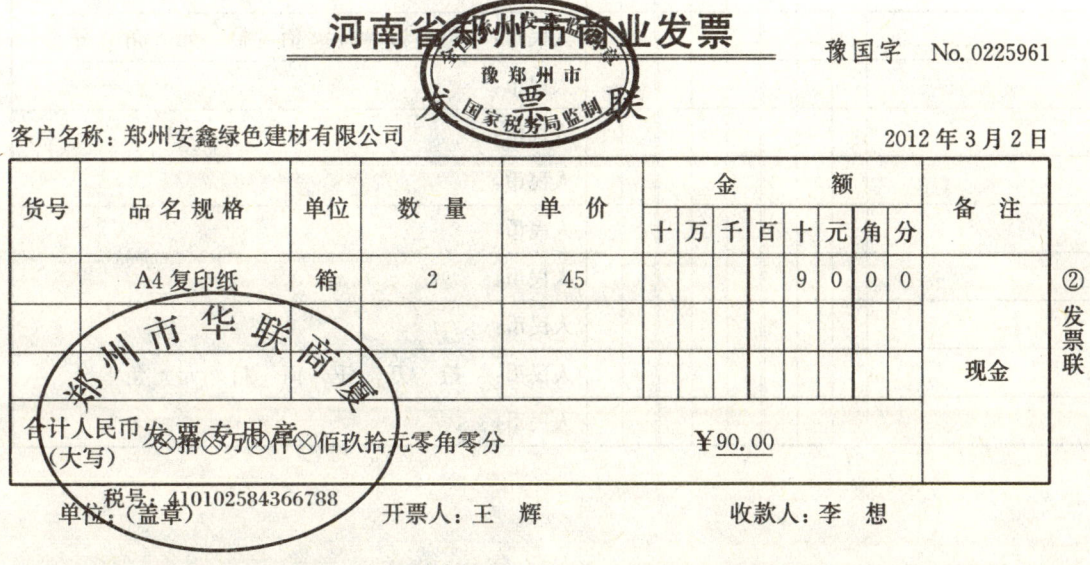

2. 大小写金额书写对比。

大小写金额书写对照表

会计凭证账表上的小写金额栏								原始凭证上的大写金额栏
没有数位分割线	有数位分割线							
	万	千	百	十	元	角	分	
¥0.06							6	人民币：陆分
¥0.60						6	0	人民币：⊗万⊗仟⊗佰⊗拾⊗元陆角零分
¥12.00				1	2	0	0	人民币：壹拾贰元整
¥17.08				1	7	0	8	人民币：壹拾柒元零捌分
¥630.06			6	3	0	0	6	人民币：⊗万⊗仟陆佰叁拾元零角陆分
¥4 020.70		4	0	2	0	7	0	人民币：肆仟零贰拾元柒角整
¥15 006.09	1	5	0	0	6	0	9	人民币：壹万伍仟零陆元零玖分
¥13 000.40	1	3	0	0	0	4	0	人民币：壹万叁仟零佰零拾零元肆角零分

四、实训资料

2012年1月份现金和银行存款收付业务的发生额：① ¥0.80；② ¥0.09；③ ¥16.05；④ ¥84.00；⑤ ¥150.65；⑥ ¥8 430.08；⑦ ¥80 004.73；⑧ ¥131 000.40；⑨ ¥109 806.50。

五、实训要求

根据上述资料书写大小写金额。

大小写金额书写训练用纸

会计凭证、账表上的小写金额									原始凭证上的大写金额栏
没有数位分割线	有数位分割线								
	十	万	千	百	十	元	角	分	
									人民币： 拾 万 仟 佰 拾 元 角 分
									人民币：
									人民币：
									人民币：
									人民币：
									人民币：
									人民币： 拾 万 仟 佰 拾 元 角 分
									人民币：

第三章 原始凭证的填制与审核

实训四 原始凭证的填制

一、实训目的

通过实训掌握原始凭证的基本内容、填制方法及会计凭证的传递程序。

二、实训资料

郑州安鑫绿色建材有限公司2012年1月发生的有关经济业务如下：

1. 1月2日,出纳员将多余的库存现金3 500元送存银行(填制现金存款单,面额100元30张、50元10张)。

中国工商银行现金存款单（第一联回单）

年　月　日

收款单位	全称		开户银行	
	账号		款项来源	

| 人民币（大写） | | | | | | | | | 百 | 十 | 万 | 千 | 百 | 十 | 元 | 角 | 分 |

票面	张数	万	千	百	十	元	角	分	票面	张数	百	十	元	角	分
壹佰元									伍角						
伍拾元									贰角						
拾元									壹角						
伍元									伍分						
贰元									贰分						
壹元									壹分						

此联由银行盖章后退回单位

本存款单金额银行全部收讫
工行郑州市文化路分理处
2012.1.2
现 金 收 讫

（收款银行盖章）
收款员　　复核员

出纳：　　　　　　会计：　　　　　　复核：　　　　　　记账：

2. 1月3日,根据本月份工资结算汇总表,从银行提取现金,以备发放工资。签发现金支票一张,金额15 085.20元(填制现金支票,有关支票填制说明见实训提示)。

中国工商银行 现金支票存根 Ⅸ Ⅱ 02500073	中国工商银行 现金支票 (豫)河南 Ⅸ Ⅱ 02500073
科　目：＿＿＿＿ 对方科目：＿＿＿＿ 出票日期：　年　月　日	出票日期(大写)　　年　月　日　付款行名称： 收款人：　　　　　　　　　　　　 出票人账号： 人民币(大写)：　　　　　　亿千百十万千百十元角分
收款人： 金　额： 用　途：	用途： 上列款项请从 我账户内支付 出票人签章 财务专用章　利王印胜	科目(借)　　　　 支付密码 对方科目(贷) 付讫日期　年　月　日 出纳　　复核　　记账
单位主管　　　会计	贴对号单处　Ⅸ Ⅱ 02500073

（加盖"郑州安鑫绿色建材有限公司 财务专用章"及"利王印胜"签章）

3. 1月4日，经理办公室职工王辉赴北京开会，经批准向财务科借差旅费5 000元，财务人员审核无误后付现金（填制借款单和现金付款单）。

借　据

部门　　　　　　　　　　　　年　月　日　　　　　　　第　号				
今　借　到				
人民币(大写)　　　　　　　　　　　　　　　　　　　　此据 ¥				
借款用途说明				
主管人 批准	财务负责 人意见	部门负责 人意见	借款人 签章	

会计：　　　　复核：　　　　出纳：　　　　经手：

② 会计记录

郑州安鑫绿色建材有限公司现金内部付款凭单

年　月　日　　　　　　编号　01

领 款 人	
付款用途	
金　　额	人民币(大写)

主管领导：　　财务主管：　　出纳：　　领款人签名：

③ 会计记录

4. 1月8日，向本市邱山水泥厂购进原材料水泥20吨，单价每吨300元，增值税进项税额1 020元开出转账支票付款，材料验收入库（填制材料入库单和转账支票）。

入 库 单

生产部门(或个人姓名)：_____ 年 月 日 　　　字第_____号

编号	物品名称	规格	单位	送验数量	实收数量	单价	金额 十万千百十元角分	备注
	合　　计							

第三联　送会计部门记账

厂长(经理)：　　　　会计主管人员：　　　　验收人：　　　　交库人：

中国工商银行
转账支票存根
ⅨⅡ 01232150

科　目：_____
对方科目：_____
出票日期：　年　月　日
收款人：_____
金　额：_____
用　途：_____
单位主管　　　会计

中国工商银行　转账支票　(豫)河南 ⅨⅡ 01232150

出票日期(大写)　　年　月　日　　付款行名称：_____
收款人：_____　　　　　　　出票人账号：_____
人民币(大写)：_____　　　　亿千百十万千百十元角分

科目(借)_____　　　支付密码 □□□□□□
对方科目(贷)_____
付讫日期　年　月　日
出纳　　　复核　　　记账

(财务专用章：郑州某绿色建材有限公司)　利王印胜

---

5. 1月9日，销售空心砖400块，单价每块5元，价款2 000元，销项税额340元，价税合计2 340元，开出增值税专用发票一式四联，对方以转账支票办理结算(填制增值税专用发票和进账单)(购货单位：郑州风华装饰有限公司　纳税识别号：410105460877686　地址：郑州市二七路132号　电话：7566787　开户行及账号：工商银行郑州支行二七路分理处06-74396618)。

4100993170　　　　　　　　河南增值税专用发票　　　　　　　　No. 0020088

发票联

开票日期：

购货单位	名　　称：		密码区		
	纳税人识别号：				
	地址、电话：				
	开户行及账号：				

货物或应税劳务名称	规格型号	单位	数量	单价	金额	税率	税额
合　计							

价税合计（大写）　　　　　　　　　　　　　　（小写）

销货单位	名　　称：		备注
	纳税人识别号：		
	地址、电话：		
	开户行及账号：		

收款人：　　　　复核：　　　　开票人：　　　　销货单位：（章）

第二联：发票联　购货方记账凭证

税号：410101680966666
发票专用章（郑州安鑫绿色建材有限公司）

中国工商银行　转账支票　（豫）河南　IX II 01235935

出票日期(大写) 贰零零玖年零壹月零玖日　　付款行名称：工行郑州支行二七路分理处
收款人：郑州安鑫绿色建材有限公司　　　出票人账号：06-74396618

人民币(大写)：贰仟叁佰肆拾元整

亿	千	百	十	万	千	百	十	元	角	分
				¥	2	3	4	0	0	0

用途：购料
上列款项请
我账户内
出票人签章

科目(借)
对方科目(贷)
付讫日期　年　月　日
出纳　复核　记账

支付密码

本支票付款期限十天

财务专用章（郑州市风华装饰有限公司）　李明印

中国工商银行进账单（收账通知）

年　月　日　　　　　　　第1号

付款人	全　称		收款人	全　称		此联是收款人开户银行交收款人的收款通知
	账　号			账　号		
	开户银行			开户银行		

人民币（大写）		千百十万千百十元角分
票据种类		
票据张数		

6. 1月12日，车间从仓库领用水泥10吨，单价300.80元，煤矸石30吨，单价10.10元（填制领料单）。

领　料　单

领料部门_____
生产通知_____
单号别_____　　　　20　年　月　日　　　　　字第_____号

领料用途			制造数量				制品名称			
编号	品名	规格	单位	请领数量	实发数量	单价	金额（十万千百十元角分）		备注	
附件			张		合计					
主管	会计	记账	发料	领料	制单		领讫日期	月　日		

第三联　交会计部门

7. 1月16日，经理办公室王辉出差回来报销差旅费，余款退回（填制差旅费报销单和收据）（差旅费有关规定见实训提示）。

北京市行政事业性收费专用票据

2012年1月15日京财直字　　　　　　　　　No. 0575213

交款单位或个人	郑州安鑫绿色建材有限公司	收费许可证号									备注
收费项目名称	收费标准	金　额									
		百	十万	千	百	十	元	角	分		
会务费					5	0	0	0	0		
金额大写	伍佰元整				¥	5	0	0	0	0	

收费单位(印章)　　　　　　　收款人(章) 路 云

第二联 收据

北京市服务业专用发票

(2012)　No. 4364160　乙 2

付款单位：郑州安鑫绿色建材有限公司　2012年1月15日　　支票号_____

服务项目	单位	数量	单价	金　额							
				百	十万	千	百	十	元	角	分
住宿费	天	10	65				6	5	0	0	0
税号：010123467966788 金额合计						¥	6	5	0	0	0

大写金额 ⊗佰⊗拾⊗万⊗仟陆佰伍拾零元零角零分

收款单位(印章)　　　　开票人：孙玉

二、付款方式收执

B0021312		73A009683	
	京 C ㊣		郑州 ㊣
北京西——→郑州　179次		**郑州——→北京西　180次**	
2012年01月15日 22:38开10车021号下铺		2012年01月05日 22:20开11车06号上铺	
全价175.00元　新空调硬座特快卧		全价175.00元　新空调硬座特快卧	
限乘当日当次车		限乘当日当次车	
在3日内到有效		在3日内到有效	

差旅费报销单

姓名_____　　职别_____　　__年__月__日

起日		止日		共计天数	起止或中途停留点	公出补助费			车 船 杂 支 费								合计金额
年	月 日	年	月 日			天数	标准	金额	火车费	汽车费	船费	飞机费	住宿费	市内交通费	杂支	单据张数	金额	
合计人民币(大写)						万	仟	佰	拾		元		角		分			
原借旅费_____元　　报销_____元　　剩余交回_____元																		
出差事由																		

主管　　　　会计　　　　出差人员签名或盖章

郑州安鑫绿色建材有限公司收据

　　　　　　　　　　　年　月　日　　　　　　第　号

今收到		
人民币（大写）		￥
事由：		
收款单位	财务主管	收款人

③ 会计记账

8. 1月23日，销售给个人空心砖400块，单价5元，收到现金（填制普通发票）。

河南省郑州市工业发票

No. 0331207
豫国字 （02）
（2012）
年　月　日

客户名称：

货号	品名规格或加工修理项目	单位	数量	单价	金　　额								备注
					十	万	千	百	十	元	角	分	
合计人民币（大写）			拾	万	仟	佰	拾	元	角	分	￥		

税号：410101680966666

单位：（盖章）　　　　开票人：　　　　收款人：

② 发票联

郑州安鑫绿色建材有限公司收据

　　　　　　　　　　　年　月　日　　　　　　第　号

今收到		
人民币（大写）		￥
事由：		
收款单位	财务主管	收款人

③ 会计记账

三、实训提示

训练中涉及的银行结算方式、增值税等有关内容在基础会计学中未学习的,指导教师应将基本内容作一简要介绍(下同)。

(一) 银行结算账户及其分类

企业发生的经济业务必须及时地进行结算,结算方法分为现金结算和非现金结算。现金结算就是用企业的库存现金结算。企业可以直接以现金支付的款项是有限的,主要是零星支出、职工工资、个人劳务报酬等。企业必须按照国务院颁发的《现金管理暂行条例》规定的范围使用现金。

企业与其他单位的经济往来,除规定的范围可以使用现金结算外,其他均应通过开户银行进行转账结算即非现金结算。银行存款就是企业存放在银行或其他金融机构的货币资金。按照国家规定,凡是独立核算的企业都必须在当地开设账户,即单位银行结算账户。单位银行结算账户按用途分为基本存款账户、一般存款账户,专用存款账户和临时账户。

基本存款账户:是存款人因办理日常转账结算和现金收付需要开立的银行结算账户。它是存款人的主办账户,它是开立其他银行结算账户的前提。其他三类单位银行结算账户则作为其功能和作用的有益补充。存款人只能在银行开立一个基本存款账户。这是基本存款账户在四类单位银行结算账户中处于统御地位的具体体现。存款人日常经营活动发生的资金收付以及工资、奖金的支取都应通过该账户办理。也就是该账户可以办理转账结算、现金结存和现金支取。

一般存款账户:是存款人因借款或其他结算需要,在基本存款账户开户银行以外的银行营业机构开立的银行结算账户。一般存款账户没有数量限制,存款人可以通过该账户办理转账结算和现金缴存,但不得办理现金支取。

专用存款账户:是存款人按照法律,行政法规对其特定用途资金进行专项管理和使用而开立的银行结算账户。设立专用存款账户,目的是为体现专户存储、专户管理、专款专用、专业监督的指导思想。专用资金种类有:基本建设资金、更新改造资金、财政预算资金、粮、油收购资金、证券交易结算资金、期权交易保证金、信托基金、政策性房地产开发资金、单位银行户备用金、住房基金、社会保障基金、金融机构存款同业资金、党、团、工会设在单位的银行机构经费、收入汇缴资金和业务支出资金及其他需要专项管理和使用的资金。对于专用存款账户,无开户数量限制。但同一存款人不能就同一性质资金在同一营业机构开立多个专用存款账户。

临时存款账户:临时存款账户是临时机构或存款人,因临时经营活动的需要,开设的账户。用于办理临时机构临时经营活动发生的资金收付。此类账户可按现金管理规定支取现金。其功能与基本账户有一定的相似之处,但有效期最长不超过2年。

(二) 银行结算方式种类

根据中国人民银行有关支付结算办法规定,企业发生的收付业务,可以采用以下几种结算方式通过银行办理转账结算。银行各种结算方式的详细规定可见中国人民银行颁发的《支付结算办法》,在《财务会计》课中也要进行阐述,在此只做简单的介绍。

银行汇票:银行汇票是指汇款人将款项交存当地银行,由银行签发给汇款人持往异地办理转账结算或支取现金的票据。适用于异地单位和个人之间各种款项的结算。

商业汇票:商业汇票是指收款人或付款人(或承兑申请人)签发,由承兑人承兑,并于到期日向收款人或背书人支付款项的票据。

商业汇票根据承兑人的不同,分为商业承兑汇票和银行承兑汇票。商业承兑汇票是指由收款人签发,经付款人承兑,或由付款人签发并承兑的票据;银行承兑汇票是指收款人或承兑申请人签发,并由承兑申请人向开户银行申请,经银行审查同意承兑的票据。

商业汇票作为一种商业信用,具有信用性强和结算灵活的特点。它适用于各企业单位之间根据购销合同进行延期付款或分期付款的商品交易行为,同城和异地均可使用。

银行本票:银行本票是指申请人将款项交存银行,由银行签发给申请人凭以办理转账结算或支取现金的票据。银行本票作为流通和支付手段,具有信誉度高,支付能力强,并有代替现金使用功能的特点。它适用于单位和个人在同城范围内的商品交易、劳务供应和其他款项的结算。

支票:支票是指银行的存款人签发给收款人办理结算,或者委托开户银行将款项支付给收款人的票据。支票按其支付方式不同,可分为现金支票和转账支票。现金支票用于支取现金;转账支票用于转账。

支票作为流通手段和支付手段,具有清算及时、使用方便、收付双方都有法律保障和结算灵活的特点。凡是单位和个人在同城的商品交易和劳务供应以及其他款项的结算均可使用支票。

信用卡:信用卡是指商业银行向个人和单位发行的,凭以向特约单位购物、消费和向银行存取现金,且具有消费信用的特制载体卡片。信用卡按使用对象分为单位卡和个人卡;按信誉等级分为金卡和普通卡。适用于同城和异地的特约单位购物和消费。

汇兑:汇兑是指汇款人委托银行将其款项支付给外地收款人的结算方式。汇兑结算方式具有适用范围大,服务面广,手续简便,划款迅速,灵活易用的特点。它适用于异地单位和个人各种款项的结算。汇兑分为信汇、电汇两种,由汇款人选择使用。

委托收款:委托收款由收款人向其开户银行提供收款依据,委托银行向付款人收取款项的一种结算方式。单位和个人凭已承兑商业汇票、债券、存单等付款人债务证明办理款项结算,均可以使用委托收款结算方式。同城、异地均可以使用。委托收款结算款项的划回方式,分邮寄和电报两种,不受金额起点的限制。

托收承付:托收承付是根据购销合同由收款人发货后委托银行向异地付款人收取款项,由付款人向银行承认付款的一种结算方式。

这种结算方式适用于异地单位之间有经济合同的商品交易,以及因商品交易而产生的劳务供应等款项的结算。代销、寄销、赊销商品的款项,不得办理托收承付结算。

托收承付结算款项的划回办法,分邮寄和电报两种,由收款人选用。

(三) 支票填制及使用要求

1. 签发支票的金额不得超过付款时在付款人处实有的存款余额。禁止签发空头支票、空白支票和远期支票。

2. 支票一律记名,可以背书转让。

3. 支票付款期为10天,但中国人民银行另有规定的除外。

4. 不得签发与其预留印章不符的支票。

5. 存款人领购支票必须填写"票据和结算凭证领用单"并签章。存款账户结清时必须将全部空白支票交回银行注销。

6. 签发支票时,必须使用钢笔或碳素墨水笔填写,按支票簿排定的页数顺序填写,字体不能潦草也不能使用红色或易褪色的墨水,填写时应注意下列各点:

(1)"签发日期"应填写实际出票日期,不得补填或预填日期,填写日期必须使用汉字大写,并且在填写月、日时,若月为壹、贰的,日为壹至玖,应在其前面加"零",以防涂改。如1月18日应写为:零壹月壹拾捌日,1月20日应写为:零壹月贰拾日。对"收款单位(或收款人)名称"栏必须填写清楚,如系本单位自行提取现金可填为"本单位"。

(2)大、小写金额必须填写齐全相符,如有错误不得更改,应另行签发,其他各栏填错,可在改正处加盖预留印鉴之一,予以证明。另外,在小写金额前应加填货币符号,如人民币用"￥",美元用"$"等。

7. "签发单位名称"栏,应填写清楚;签发单位签章处应按预留印鉴分别签章,即"企业财务专用章"和"法人代表章"或"企业财务主管人章",缺漏签章或签章不符时银行不予受理。

8. 作废的支票,不得扯去,应由签发单位自行注销,与存根折在一起注意保管,在结清销户时,连同未用空白支票一并缴还银行。

9. 存根联下端的"收款人签收年、月、日"栏,由收到支票的人员填写或签章。

10. 在实务工作中支票为一联,将无误的支票按虚线撕开后持正本向银行提取现金或转账,存根作企业记账的依据。

11. 收款人凭支票正本支取现金,须在支票背面背书(盖收款人的公章或名章、本人身份证号码等),持票到签发人的开户银行支取现金,并按照银行的需要交验证件。背书也可按如下样式进行:

单　　位	
姓　　名	
工作证 身份证　号码	

已签发的现金支票遗失,可以向银行申请挂失。挂失前已经支付,银行不受理。

(四)借款单使用说明及传递流程

<u>借款单传递流程图</u>

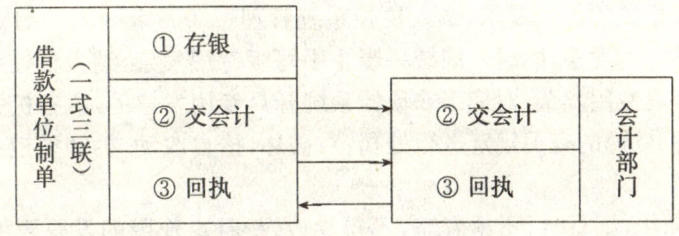

说明:

1. 借款人经有关部门领导人批准填写借款单,并送交财会部门办理借款手续。

2. 财会部门对借款单审核无误后准予借款,支付现金,或开现金支票由借款人去银行提现金,将借款回执退回借款人。

3. 在实务工作中使用的借款单一般一式多联,用蓝色圆珠笔复写,也有单联的借款单。

（五）材料入库单使用说明及传递流程图

材料入库单传递流程图

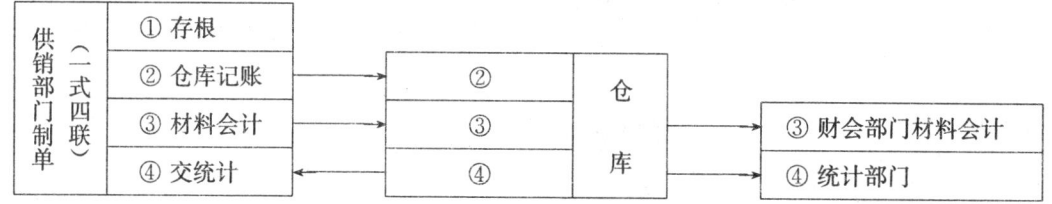

说明：供销部门有关人员根据购货单位签发票和提货通知等凭证填写材料入库单，通知仓库办理验收入库；仓库验收入库后将材料入库单的第三联、第四联分别传递给财会部门和统计部门；财会部门据以办理货款结算和账务处理有关事项。

实务工作中材料入库单为一式多联，用蓝色圆珠笔复写。

（六）增值税及增值税专用发票的填写、使用

增值税是就其货物或劳务的增值部分征税的一种税种。在中华人民共和国境内销售货物或者提供加工、修理修配劳务以及进口货物的单位和个人为增值税的纳税义务人。目前，我国将纳税人按其经营规模大小及会计核算健全与否分为：一般纳税人和小规模纳税人。

一般纳税人应纳税额计算公式：

$$应纳税额＝当期销项税额－当期进项税额$$

小规模纳税人应纳税额计算公式：

$$应纳税额＝销售额\times征收率$$

纳税人销售货物或者应税劳务，应当向购买方开具增值税专用发票，并在增值税专用发票上分别注明销售额和销售税额。属于下列情形之一，需要开具发票的，应当开具普通发票，不得开具增值税专用发票：① 向消费者销售货物或者应税劳务；② 销售免税货物；③ 小规模纳税人销售货物或者应税劳务。

增值税专用发票使用规定增值税专用发票只限于一般纳税人领购使用，增值税的小规模纳税人和非增值税纳税人不得使用。凡经税务机关认定，取得增值税一般纳税人资格的企业必须按照当地税务机关的统一要求，纳入税控系统管理。2003年1月1日起，所有企业必须通过税控系统开具专用发票，同时全国统一废止手写版专用发票，纳入税控系统管理的企业，必须通过该系统开具专用发票；对使用非税控系统开具专用发票的，税务机关要按照《中华人民共和国发票管理办法》的有关规定进行处罚；对破坏、擅自改动、拆卸税控系统进行偷税的，要依法予以严惩。

1. 顺序号码使用，填写时，不得省略，不得涂改、挖补。作废的发票要加盖（或注明）"作废"字样，并把原有的各联附在存根联上。已用发票的存根，必须按规定的期限交税务部门验收。

2. 发票日期按公历用阿拉伯数字填写；单位名称填写全称，地址、电话不省略；纳税人识别号按全国统一的税务登记证件代码（十五位数）填写。开户银行及账号按购货单位开户行名称和支票注明账号填写。

3. "货物或应税劳务名称"栏可填写货物名称或应税劳务种类等,不同货物或应税劳务名称应分别填列,一份发票最多填写三种货物或应税劳务名称。

4. "规格型号"、"单位"、"数量"栏应填写货物的规格型号、单位和数量。

5. "金额"栏应填写不含税的销售额,在票面上反映的是数量乘单位的积。"金额合计"栏应填写本份发票所填开的不含税销售额之和,计量单位、数量、单位的合计栏不填写。

6. "税率"栏应填写依据税收法规所确定的税率,税率合计栏不填写,"税额栏"应填写金额乘税率所得的积,税额合计栏应填写本份发票税额合计数。

7. "价税合计"栏应填写金额合计加税额合计之和,并用汉字大写数字和阿拉伯数字同时填写。

8. "销货单位"和"名称"、"纳税人识别号"、"地址、电话"、"开户银行及账号"等可以事先填写,也可以按票面规格刻制出图章事先加盖,上述项目一经发生变化应立即变更。

9. "收款人"栏由收款人(开票人)签字或盖章,姓名不得省略。销货单位栏应加盖在税务机关的发票发售部门预留印鉴的"发票专用章",第一联、第四联不用加盖。

10. 增值税专用发票各联的用途。

第一联:存根联,销货单位留存备查;

第二联:发票联,购货单位记账;

第三联:抵扣联,购货单位作抵扣税款凭证;

第四联:记账联,销货单位记账。

(七)进账单填制使用说明

进账单是存款人向开户银行存入从外单位取得的转账支票等需委托银行收款时填制的单证,一般一式三联。填好后连同转账支票正本送银行受理或收款后在回单或收款通知联上盖"已受理"或"转讫"(转账收讫)章,退给单位。企业根据收账通知联,作已收款记账依据。

进账单各联的用途:

第一联:银行交给收款人的回单,受理回单;

第二联:收款人开户银行作为贷方凭证;

第三联:银行给收款人的收账通知,收款人据此联记账。

(八)领料单使用说明及传递流程

领料单传递流程图

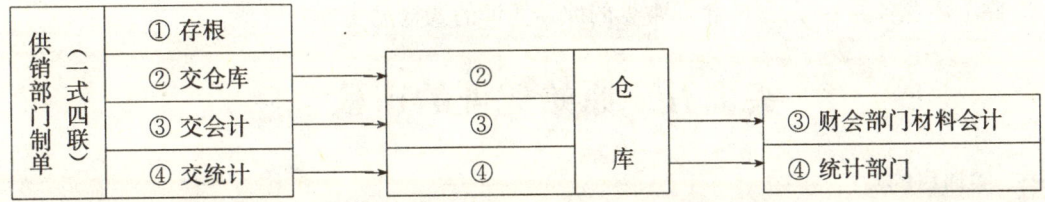

说明:领料部门按规定填写领料单(请领数量)送交仓库;仓库对领料单审核后发料(实发数量),并将领料单的第三、第四联分别送交财会部门和统计部门;财会部门根据交单进行价值核算。领料单有一单一料、一单多料和限额领料单多种格式。

实务工作中领料单一般为一式多联,用蓝色圆珠笔复写。

（九）收据使用说明及传递流程

收据传递流程图

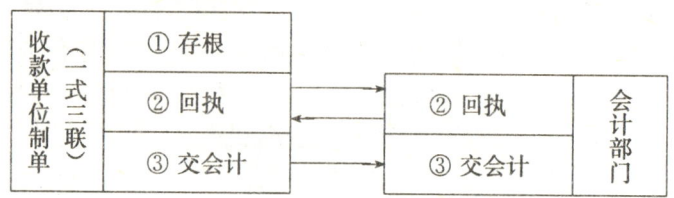

说明：收款单位根据交款人交来的款项填写收据，应写明交款单位、交款的原因和数额；当面清点交款数额后，将收据给交款人收存。

实务工作中收据一般是一式多联，用蓝色圆珠笔复写。

（十）企业差旅费的有关规定和差旅费报销单的填制说明

1. 企业差旅费的有关规定：在实务工作中各单位的差旅费的有关规定不一，本套训练企业安鑫环保绿色有限公司的规定如下：

（1）途中公务补助每天标准10元。

（2）住宿费标准为每天65元。

（3）火车费、船费、长途汽车费及市内交通费等实报实销。

2. 差旅费报销单的填制说明。

（1）差旅费报销单是企业派出的公出人员返回单位报销差旅费时填制的报销凭证。

（2）差旅费报销单为单联式，由报销人填制，然后交财会作为现金退补的依据。本单后应黏附车票、住宿费发票等外来原始凭证。

（3）各种单证由出差人依据车船票、宿费收据等整理、归类填写，将原始票据附在报销单后面或将原始票据分类粘贴在粘贴纸上，附在报销单后。途中伙食补助费和住宿费按差旅费规定的标准计算、填写。

四、实训要求

1. 说明各项经济业务应分别取得哪些原始凭证。

2. 根据上述业务填制有关原始凭证。

3. 说明各项经济业务中会计凭证的传递程序。

五、实训时间和原始凭证格式

1. 本项实训约需4学时。

2. 除上述业务原始凭证外，企业常见的原始凭证的式样见实训七资料。

实训五 原始凭证的审核

一、实训目的

通过训练使学生掌握原始凭证的审核方法和内容。

二、实训资料

郑州安鑫建材有限公司2012年2月发生的部分经济业务如下：

1. 2月8日，支付会计赵伟明业务培训费。

河南省行政事业单位统一收款收据

2012年2月8日　豫财直字 A　　No.0136026

今收到	郑州安鑫绿色建材有限公司	
交来	培训费	
人民币(大写)	壹仟贰佰元整	¥1 200.00
说明	本收据限用于单位与单位之间、单位内部之间及单位与个人之间发生的各种资金往来结算业务,不能用于收费,不能作为财务报销凭证。	

收款单位(章)　　　收款人　　　交款人　赵伟明

第三联 收据

中国工商银行　（豫）
转账支票存根
Ⅸ Ⅱ 01241150
科　目＿＿＿＿＿
对方科目＿＿＿＿＿
出票日期 2012年2月8日
收款人：河南商学院培训中心
金额：1 200元
用途：培训费
单位主管　　会计

2. 2月14日,公司业务员报销餐费8 650元,以现金支付。

河南省郑州市工业发票

豫国字(2012)　　No.0331207

客户名称：郑州安鑫绿色建材有限公司　　　　2012年2月14日

货号	品名规格或加工修理项目	单位	数量	单价	金额 十万千百十元角分	备注
	餐费				8 6 5 0 0 0	
						现金

合计人民币(大写) ⊗拾⊗万捌仟陆佰伍拾零元零角零分　　¥8 650.00

单位：(盖章)　　开票人：李 明　　收款人：刘 菲

② 发票联

郑州安鑫绿色建材有限公司现金内部付款凭单

2012年2月14日　　　　　　　　　　编号 03

领款人	销售科李晓明
付款用途	餐费
金额	人民币(大写)捌仟陆佰伍拾元整

主管领导　　财务主管：张飞　　出纳：　　领款人签名：李晓明

③ 会计记账

3. 2月18日支付汽车修理费。

河南省郑州市工业发票

No. 0336720
豫国字(2012)

客户名称：郑州安鑫绿色建材有限公司　　　　2012年2月18日

货号	品名规格或加工修理项目	单位	数量	单价	金　额 十万千百十元角分	备注
	汽车修理	次	5.3	1 000	5 3 0 0 0 0	②发票联
						现金

合计人民币(大写)⊗拾⊗万伍仟叁佰零拾零元零角零分　￥5 300.00

税号：410035587781258

单位：(盖章)　　开票人：　　收款人：

郑州安鑫绿色建材有限公司现金内部付款凭单

2012年2月18日　　　编号　4

领款人	王开
付款用途	汽车修理
金额	人民币(大写)伍仟叁佰元整

③会计记账

主管领导：　　财务主管：　　出纳：　　领款人签名：王　开

4. 2月20日开出现金支票，从银行提取现金备用。

中国工商银行 现金支票存根 Ⅸ Ⅱ 02500273	中国工商银行　现金支票 (豫)河南 Ⅸ Ⅱ 02500273
科　目：_____ 对方科目：_____ 出票日期：2012年2月20日	出票日期(大写)贰零壹贰年零贰月贰拾日　付款行名称：工行郑州石化路分理处 收款人：　　　出票人账号：06-86566
收款人：本单位 金　额：3 500.00 用　途：备用金	人民币(大写)叁仟伍佰元整　亿千百十万千百十元角分 ￥350000 科目(借)_____　支付密码 对方科目(贷)_____ 付讫日期　年　月　日 出纳　复核　记账
单位主管　　会计	贴对号单处　Ⅸ Ⅱ 02500273

5. 2月22日，购入材料，收到增值税专用发票。

4100993170	河南增值税专用发票						No.0336886	
							开票日期：2012年2月22日	
购货单位	名　　称：郑州安鑫绿色建材有限公司 纳税人识别号：410101680966666 地址、电话：河南省郑州市经济技术开发区石化路80号、电话 0371-6666666 开户行及账号：工行郑州分行石化路分理处 06-86566					密码区		
货物或应税劳务名称	规格型号	单位	数量	单价	金额	税率	税额	
粉煤灰		吨	60	40	2 400	17％	408	
合计					￥2 400		￥408	
价税合计（大写）　　　　　　　　　　　　贰仟捌佰零捌元整					（小写）￥2 808.00			
销货单位	名　　称： 纳税人识别号：税号：410036112578888 地址、电话： 开户行及账号：					备注		
收款人：		复核：		开票人：		销货单位：（章）		

6. 2月25日销售产品收到转账支票一张。

中国工商银行转账支票							（豫）河南 Ⅸ Ⅱ 01235935					
出票日期（大写）贰零壹贰年零贰月贰拾伍日							付款行名称：工行郑州支行东风路分理处					
收款人：郑州安鑫绿色建材有限公司							出票人账号：05-74398745					
人民币（大写）：伍仟捌佰肆拾伍元整	亿	千	百	十	万	千	百	十	元	角	分	
					￥	5	8	4	5	0	0	
用途： 上列款项从 我账户内支付 出票人签章	科目（借） 对方科目（贷） 付讫日期　年　月　日 出纳　　复核　　记账						支付密码					

本支票付款期限十天

7. 2月27日,从书店购工作用书,收到发票一张。

河南省郑州市商业发票

豫国字 No.6012600
2012年2月27日

客户名称:

货号	品 名 规 格	单位	数 量	单 价	金 额									备 注
					十万	千	百	十	元	角	分		
	书	本	2	19.5			3	9	0	0			现金
合计人民币(大写)	⊗拾⊗万⊗仟⊗佰叁拾玖元零角零分							¥39.00					
税号:410325678987825													
单位:(盖章)	开票人:王 芳			收款人:李 丽									

② 发票联

8. 2月28日收到职工李敏归还欠款,填制收据一张。

郑州安鑫绿色建材有限公司收据

2012年2月28日　　　　　　　　　　　　　　　　第4号

今收到	李敏归还欠款				
人民币(大写)拾玖元捌角整			¥19.80		
事由:					
收款单位		财务主管	张飞	收 款 人	

③ 会计记账

三、实训提示

对填制的原始凭证要进行全面审核。

（一）对原始凭证所记载的经济业务内容审核

主要审核凭证的真实性、合法性和合理性。

1. 审核原始凭证的真实性。审核原始凭证的基本内容——凭证的名称、接受凭证单位名称、填制凭证的日期、经济业务的内容、金额、填制单位和填制人员及有关人员的印章和名称、凭证的附件和凭证的编号等,是否真实和正确。凡有下列情况之一者不能作为正确的会计凭证:① 未写接受单位名称或名称不符。② 数量和金额计算不正确。③ 有关责任人员未签名或未盖章。④ 凭证联次不符。⑤ 有污染、抹擦、刀刮和挖补等涂改痕迹。

2. 审核原始凭证的合法性。审核经济业务的发生是否符合党和国家的路线、方针、政策和法规。凡有下列情况之一者不能作为合法的会计凭证：① 多计或少计收入、支出、费用、成本。② 擅自扩大开支范围，提高开支标准。③ 不按国家规定的资金渠道和用途使用资金、挪用资金进行基本建设。④ 巧立名目，虚报冒领，滥发奖金津贴、加班费、防护用品或实物，违反规定借出公款、公物。⑤ 套取现金、签发空头支票。⑥ 不按国家规定的标准、比例提取费用。⑦ 私分公共财物和资金。⑧ 擅自动用公款、公物请客送礼。⑨ 不经有关单位批准，购买、自制属于国家控制购买的商品。

3. 审核原始凭证的合理性。根据党和国家的路线、方针、政策和法规，从经营管理出发，按照厉行节约、反对浪费、提高经济效益的原则，审核经济业务的发生是否合理。

(二) 对原始凭证填写情况进行审核

主要检查项目填写是否完整，计算是否准确，手续是否完备。

1. 支票。主要审核支票种类是否正确，是否以碳素墨水书写，支票内容、开户行名称、签发人账号、收款人是否正确，用途是否合理，大小写金额是否一致，存根与正本是否相符，签章是否齐全。不准更改的内容是否更改了，允许更改的内容更改后是否加盖了印鉴等。

2. 借款单。主要审核审批人是否签名，大小写金额是否一致，借款人是否签名等。

3. 收据。主要审核交款人、款项内容是否正确，大小写金额是否一致，现金收讫章是否加盖等。

4. 发票。主要审核是否印有税务局监制章，购货单位、商品或劳务名称、金额计算是否正确，大小写金额是否一致，供应单位发票专用章是否加盖等。

5. 收料单。主要审核验收是否及时，收料单内容是否与发票一致，发票数量与实收数量是否一致，验收人是否签名等。

6. 领料单。主要审核金额计算是否正确，签名是否齐全等。

7. 现金存款单。主要审核收款人、账号及开户行名称是否正确，大小写金额是否一致等。

8. 转账进账单。主要审核收付款人、账号及开户行名称是否正确，进账单上的金额是否与支票一致，大小写金额是否一致等。

四、实训要求

1. 对上列业务原始凭证进行审核。

2. 指明存在的问题，处理办法。

3. 同桌之间对实训四所填制的原始凭证互相进行审核。

4. 实训时间约2学时。

第四章 记账凭证的填制与审核

实训六 商品流通企业记账凭证的填制

使用说明：因为实训七至实训十七是郑州安鑫绿色建材有限公司一个完整的会计核算程序，特别建议在实训过程中，为了保持实训的连续性，先从实训七至实训十七进行实训。同时，为了让学生了解并掌握商品流通企业基本业务的核算，本教材特别设计了实训六，作为选用模块，供学生实训完郑州安鑫绿色建材有限公司相关业务后使用。

一、实训目的

通过本实训使学生掌握商品流通企业基本业务的核算。

二、实训资料

加加公司为一商品流通企业。商品采购采用进价核算。

公司地址：河南省信阳市新西路8号

办公电话：0375-5558888

纳税登记号：410366509246872

开户行及账号：工行新西办事处　098674296

财务主管：马红

出纳：朱东

保管：何明仪

会计：陈栋栋

（一）商品采购的核算

2012年12月份发生下列采购业务：

1. 12月2日，从大林公司购进A商品1 000件，单价10元/件，货款10 000元及增值税1 700元，以转账支票付讫，商品未到。

4100993170　　　　　　　　## 河南增值税专用发票　　　　　　　　No. 0020088

开票日期：2012 年 12 月 2 日

购货单位	名　　称：加加公司 纳税人识别号：410366509246872 地　址、电　话：河南省信阳市新西路 8 号 开户行及账号：工行新西办事处　098674296	密码区				
货物或应税劳务名称	规格型号	单位	数量	单价	金额	税率	税额
A 商品		件	1 000	10	10 000	17	1 700
合　　计					￥10 000		￥1 700
价税合计（大写）　　壹万壹仟柒佰元整				（小写）　￥11 700.00			
销货单位	名　　称：大林公司 纳税人识别号：4103698169745015 地　址、电　话：河南省信阳市八八路 4 号 开户行及账号：工行八八路分理处　120005427	备注				

收款人：郑大永　　　复核：萧　明　　　开票人：王雨镜　　　销货单位：（章）

第二联：发票联　购货方记账凭证

发 货 单

2012 年 12 月 2 日　　　　　　　　　　　　　　　　第 0101 号

购货单位：加加公司						
商品编号	品名	单位	数量	单价	金额	备注
A 商品		件	1 000	10	10 000	
合　计					￥10 000	

金额大写：壹万元整

会计：王平　　　记账：李平林　　　复核：萧明　　　制单：李平林

随货联交购货单位

中国工商银行
转账支票存根
Ⅵ Ⅱ 06471976

科　目：＿＿＿＿＿＿＿＿＿＿
对方科目：＿＿＿＿＿＿＿＿＿＿

| 收款人：大林公司 |
| 金　额：11 700.00 |
| 用　途：购商品 |

单位主管：马　红　　　　　会计：陈栋栋

2. 12月4日，购进上列A商品已到并验收入库。

收 货 单

2012年12月4日　　　　　　　　　　　　　第0470号

供货单位：大林公司

商品编号	品　名	规　格	单　位	应收数量	实收数量	单　价	金　额
	A商品		件	1 000	1 000	10	10 000.00
	合　计						¥10 000.00

会计记账联

会计：陈栋栋　　　记账：陈栋栋　　　复核：马　红　　　制单：何明仪

3. 12月10日，向外地三通公司购入B商品1 500台，单价15元/台，对方代垫运费1 000元，货款、增值税及运杂费共计27 325元，结算凭证已到，以银行存款支付。

1033993170　　　　　　　　河南增值税专用发票　　　　　　　No. 0028067

开票日期：2012年12月10日

购货单位	名　　　称：加加公司 纳税人识别号：410366509246872 地址、电话：河南省信阳市新西路8号 开户行及账号：工行新西办事处　098674296				密码区		
货物或应税劳务名称	规格型号	单位	数量	单价	金额	税率	税额
B商品		件	1 500	15	22 500	17	3 825
合　　计					￥22 500		￥3 825
价税合计（大写）	贰万陆仟叁佰贰拾伍元整				（小写）　￥26 325.00		
销货单位	名　　　称：三通公司 　　　税号：103300689072102 纳税人识别号：103300689072102 地址、电话：临海市七一路118号 开户行及账号：工行七一办事处　065472109				备注		

收款人：萧大明　　　复核：郑　永　　　开票人：朱　成　　　销货单位：（章）

发货单

2012年12月10日　　　　　　　　　　　　　第95010号

购货单位：加加公司

商品编号	品　名	规　格	单　位	数　量	单　价	金　额	备　注
	B商品		台	1 500	15	22 500.00	
合　计						￥22 500.00	

金额大写：贰万贰仟伍佰元整

会计：郑　永　　　记账：朱　成　　　复核：郑　永　　　制单：萧大明

运 费 结 算 单

2012 年 12 月 12 日

托运单位：三通公司

运费金额大写：壹仟元整　　　　　　　　　　　　　　　　￥1000.00

货物：B商品

验收：　　　　　　　　　　　　　　　　　　　　　　　验收人：郭　戈

财会：宁　帆

委邮

委托收款凭证（付款通知代收据）⑤

委托号码：0721542
第 0296 号
委托日期：2012 年 12 月 10 日

付款人	全　称	加加公司	收款人	全　称	三通公司
	账　号	098674296		账　号	065472109
	开户银行	工行新西办事处　行号		开户银行	工行七一办事处

委收金额	人民币（大写）	贰万柒仟叁佰贰拾伍元整	千百十万千百十元角分 ￥2732500

款项内容	购货款及运费款	委收款项名称：社会保险基金 付款单位注意： 1. 根据结算方式规定，上列委托收款，如在付款期限内未拒付时，即视同全部同意付款，以此联代付款通知。2. 如需提前付款或多付款时，应另写书面通知送银行办理。3. 如系全部或部分拒付，应在付款期限内另填拒绝付款理由书送银行办理。

此联付款人开户银行支款后通知付款人

单位主管：王永亮　会计：郑　永　复核：郑　永　记账：朱　成　付款人开户行盖章

4. 12月12日,从大林公司购入A商品2 000件,单价10元/件,货款及增值税共计23 400元,结算凭证已到,商品已验收入库,款未付。

4100993170　　　　　　　河南增值税专用发票　　　　　　　No. 0026456

开票日期:2012年12月12日

购货单位	名　　　　称:加加公司 纳税人识别号:410366509246872 地　址、电　话:河南省信阳市新西路8号 开户行及账号:工行新西办事处　098674296	密码区	

货物或应税劳务名称	规格型号	单位	数量	单价	金额	税率	税额
A商品		件	2 000	10	20 000	17	3 400
合　　计					¥20 000		¥3 400

价税合计(大写)　　　　贰万叁仟肆佰元整　　　　　　(小写)　¥23 400.00

销货单位	名　　　　称:大林公司 　　　　　　　　税号:4103698169745015 纳税人识别号:4103698169745015 地　址、电　话:河南省信阳市八八路4号 开户行及账号:工行八八路分理处　120005427	备注	

收款人:郑大永　　复核:萧明　　开票人:王雨镜　　销货单位:(章)

（印章：大林公司 发票专用章）

第二联: 发票联　购货方记账凭证

发　货　单

2012年12月12日　　　　　　　　　　第0106号

购货单位:加加公司

商品编号	品　名	规　格	单　位	数　量	单　价	金　额	备　注
	A商品		件	2 000	10	20 000.00	
合　计						¥20 000.00	

金额　人民币(大写):贰万元整

会计:王平　　记账:李平林　　复核:萧明　　制单:李平林

随货联交购货单位

收 货 单

2012 年 12 月 12 日　　　　　　　　　　　　　　第 0471 号

供货单位：大林公司							
商品编号	品　名	规　格	单　位	应收数量	实收数量	单　价	金　额
	A 商品		件	2 000	2 000	10	20 000.00
合　　计							￥20 000.00

会计记账联

会计：陈栋栋　　　记账：何明仪　　　复核：陈栋栋　　　制单：何明仪

5. 12 月 16 日，向三通公司购入 B 商品 2 000 台，单价 15 元/台，计 30 000 元，增值税额 5 100 元，运费 1 250 元，共计 36 350 元，以商业承兑汇票结算，商品验收入库。

1033993170　　　　　　　　**河南增值税专用发票**　　　　　　　No. 01235625

开票日期：2012 年 12 月 16 日

购货单位	名　　称：加加公司 纳税人识别号：410366509246872 地　址、电　话：河南省信阳市新西路 8 号 开户行及账号：工行新西办事处　098674296	密码区	
货物或应税劳务名称	规格型号	单位	数量	单价	金　额	税率	税额

货物或应税劳务名称	规格型号	单位	数量	单价	金　额	税率	税额
B 商品		件	2 000	15	30 000	17	5 100
合　　计					￥30 000		￥5 100
价税合计(大写)	叁万伍仟壹佰元整				(小写)　￥35 100.00		

销货单位	名　　称：三通公司 纳税人识别号：103300689072102 地　址、电　话：临海市七一路 118 号 开户行及账号：工行七一办事处　065472109	备注

第二联：发票联　购货方记账凭证

收款人：萧大明　　　复核：郑　永　　　开票人：朱　成　　　销货单位：(章)

商业承兑汇票

签发日期：2012 年 12 月 16 日　　　　　第　号

收款人	全　称	三通公司			付款人	全　称	加加公司		
	账　号	065472109				账　号	098674289		
	开户银行	工行七一办事处	行号			开户银行	工行新西办事处	行号	

汇票金额	人民币（大写）叁万陆仟贰佰伍拾元整	千百十万千百十元角分 ¥3 6 2 5 0 0 0
汇票到期日	2004 年 2 月 16 日	交易合同号码
本汇票请你单位承兑，并及时将承兑汇票寄交我单位。此致 　　承兑人		备注：

此联承兑人（付款人）留存

（运杂费单据略）

发 货 单

2012 年 12 月 12 日　　　　　　第 0876 号

购货单位：加加公司

商品编号	品　名	规　格	单　位	数　量	单　价	金　额	备　注
	B 商品		台	2 000	15	30 000.00	
合　　　计						¥30 000.00	

金额　人民币（大写）：叁万元整

会计：王 平　　　　记账：李平林　　　　复核：萧 明　　　　制单：李平林

随货联交购货单位

收 货 单

2012 年 12 月 16 日　　　　　　第 0472 号

供货单位：三通公司

商品编号	品　名	规　格	单　位	应收数量	实收数量	单　价	金　额
	B 商品		台	2 000	2 000	15	30 000.00
合　　　计							¥30 000.00

会计：陈栋栋　　　　记账：陈栋栋　　　　复核：马 红　　　　制单：何明仪

会计记账联

6. 12月16日,本公司10日向三通公司购入的B商品已运到并验收入库,按实际采购成本入账。

收 货 单

2012年12月16日　　　　　　　　　　　　　　　　　第0473号

供货单位:三通公司							
商品编号	品 名	规 格	单 位	应收数量	实收数量	单 价	金 额
	B商品		台	1 500	1 500	15	22 500.00
	合 计						￥22 500.00

会计记账联

会计:陈栋栋　　　　记账:陈栋栋　　　　复核:马 红　　　　制单:何明仪

7. 12月20日,填开信汇凭证偿付本月12日购入A商品的款项23 400元。

中国工商银行信汇凭证(回　单)

签发日期:2012年12月20日　　　　　　　　　　　第0238号

汇款人	全　称	加加公司		收款人	全　称	大林公司	
	账号或住址	098674296			账号或住址	120005427	
	汇出地点	省　市县	汇出行名称		汇入地点	省　市县	汇入行名称

金额	人民币(大写)	贰万叁仟肆佰元整	千百十万千百十元角分 ￥2 3 4 0 0 0 0

汇款用途:系付购进A商品贷款	(汇出行盖章) 2012年12月20日
上列款项已根据委托办理,如需查询,请持此回单来行面洽。	

此联汇出行给汇款人的回单

单位主管:　　　　会计:　　　　复核:　　　　记账:

(二)商品销售的核算

加加公司2012年12月份发生下列经济业务:

1. 12月4日,销售给金达公司A商品800件,单价15元,货款及增值税14 040元已全部收到,存入银行。

4100993170　　　　　　　河南增值税专用发票　　　　　　　No. 01836625

发票联　　　　　　　　　　　　　　　　　　　　　开票日期：2012年12月4日

购货单位	名　　称：金达公司				密码区			
	纳税人识别号：410366509246877							
	地　址、电　话：河南省信阳市二二路30号							
	开户行及账号：工行二二办事处　0985578235							
货物或应税劳务名称	规格型号	单位	数量	单价	金　额	税率	税额	
A商品		件	800	15	12 000	17	2 040	
合　　计					￥12 000		￥2 040	
价税合计（大写）　　壹万肆仟零佰肆拾元整					（小写）　￥14 040.00			
销货单位	名　　称：加加公司				备注			
	纳税人识别号：410366509246872							
	地　址、电　话：河南省信阳市新西路8号							
	开户行及账号：工行新西办事处　098674296							

收款人：朱　东　　复核：陈栋栋　　开票人：朱　东　　销货单位：（章）

第二联：发票联　购货方记账凭证

中国工商银行进账单

签发日期：2012年12月4日　　　　　　　　　　　第×号

收款人	全　称	加加公司		付款人	全　称	金达公司									
	账　号	098674296			账　号	0985578235									
	开户银行	市工行新西办			开户银行	工行二二路办事处		千	百	十	万	千	百	十	元	角	分
人民币（大写）	壹万肆仟零肆拾元整								￥	1	4	0	4	0	0	0
票据种类	支票															
票据张数	1															
	银行结算章															

（发货单略）

此联由银行受理盖章后退还收款单位，待收妥入账后作为收账通知。

2. 12月12日,销售给太华公司B商品1 200台,单价21元,货款和增值税共计29 484元已办妥托收手续。

河南增值税专用发票

No. 01836669

开票日期：2012年12月12日

购货单位	名 称：太华公司 纳税人识别号：103336650921468788 地 址、电 话：临海市湖星路118号 开户行及账号：工行湖星办事处 065472109	密码区				
货物或应税劳务名称	规格型号	单位	数量	单价	金 额	税率	税额
B商品		件	1 200	21	25 200	17	4 284
合　　计					￥25 200		￥4 284
价税合计(大写) 贰万玖仟肆佰捌拾肆元整				(小写) ￥29 484.00			
销货单位	名 称：加加公司 纳税人识别号：410366509246872 地 址、电 话：河南省信阳市新西路8号 开户行及账号：工行新西办事处 098674296	备注				

收款人：朱 东　　复核：陈栋栋　　开票人：朱 东　　销货单位：(章)

委邮

委托收款凭证（回　单）①

委托号码：2986541

委托日期：2012年12月12日　　第0307号

付款人	全　称	太华公司		收款人	全　称	加加公司								
	账　号	065472109			账　号	098674296								
	开户银行	工行湖星路办事处	行号 00895		开户银行	工行新西办事处								
委收金额	人民币 (大写)	贰万玖仟肆佰捌拾肆元整					千	百	十	万	千	百	十	元	角	分
									￥	2	9	4	8	4	0	0
款项		销货款		委收款项名称										
				款项收妥日期 　　年　月　日		收款人开户行盖章 　　月　日									

单位主管：马 红　　会计：朱 东　　复核：陈栋栋　　记账：朱 东

发 货 单

2012年12月12日   第95561号

购货单位：太华公司

商品编号	品 名	规 格	单 位	数 量	单 价	金 额	备 注
	B商品		台	1 200	21	25 200.00	
合 计						￥25 200.00	

金额大写：贰万伍仟贰佰元整

会计：陈栋栋　　　记账：陈栋栋　　　复核：马 红　　　制单：何明仪

会计记账联

3. 12月16日，公司收到太华公司支付货款并存入银行。

委邮

委托收款凭证（收账通知） ④

委托号码：2986541
委托日期：2012年12月12日   第0307号

付款人	全 称	太华公司		收款人	全 称	加加公司										
	账 号	065472109			账 号	098674296										
	开户银行	工行湖星路办事处	行号 00895		开户银行	工行新西办										
委收金额（大写）		贰万玖仟肆佰捌拾肆元整					千	百	十	万	千	百	十	元	角	分
								￥	2	9	4	8	4	0	0	
款项内容		销货款		委收款项名称		社会保险基金										
				上列款项 1. 已全部划回收入你方账户。 2. 已收回部分款项收入你方账户。 3. 全部未收到。 　　　　　收款人开户行盖章 　　　　　　　月　日												

单位主管：马 红　　会计：陈栋栋　　复核：马 红　　记账：陈栋栋

付款人开户行　收到日期　年　月　日
　　　　　　　支付日期　年　月　日

此联收款人开户银行在款项收妥后给收款人的收账的通知

4. 12月24日，销售给三永公司A商品1 500件，单价15元/件，计22 500元，增值税额3 825元。并以银行存款代垫运费500元，上列款项均未收到。

4100993170　　　　　　　　河南增值税专用发票　　　　　　　No. 018687651

开票日期：2012年12月24日

购货单位	名　　　称：三永公司　　　　　　　　　　　　　　　　　　　　　　　密码区
	纳税人识别号：410398169745015
	地　址、电　话：河南省信阳市三二路8号
	开户行及账号：工行三二路办事处　120005427

货物或应税劳务名称	规格型号	单位	数量	单价	金　额	税率	税额
A商品		件	1 500	15	22 500	17	3 825
合　　计					￥22 500		￥3 825
价税合计（大写）	贰万陆仟叁佰贰拾伍元整				（小写）￥26 325.00		

销货单位	名　　　称：加加公司
	纳税人识别号：410366509246872
	地　址、电　话：河南省信阳市新西路8号
	开户行及账号：工行新西办事处　098674296

收款人：朱　东　　　复核：陈栋栋　　　开票人：朱　东　　　销货单位：（章）

第二联：发票联　购货方记账凭证

发 货 单

2012年12月24日　　　　　　　　　第95562号

购货单位：三永公司

商品编号	品　名	规　格	单　位	数　量	单　价	金　额	备　注
	A商品		件	1 500	15	22 500.00	
合　计						￥22 500.00	

金额大写：贰万贰仟伍佰元整

会计：陈栋栋　　　记账：陈栋栋　　　复核：马　红　　　制单：何明仪

会计记账联

货物运费结算单

承运单位：市运输公司　2012年12月24日

托运单位：加加公司	
运费金额(大写)：伍佰元整	￥500.00
货物：15件	
货物验收：	验收人签章：周　林

中国工商银行
转账支票存根
Ⅵ Ⅱ 03745750

科　目：_____

收款人：市运输公司
金　额：500.00
用　途：代垫A商品运费
单位主管：马　红　　　会计：陈栋栋

5. 12月30日，收到24日销售给三永公司货款及代垫运费，存入银行。

中国工商银行进账单

签发日期：2012年12月30日　　　　　第　号

收款人	全　称	加加公司	付款人	全　称	三永公司	千百十万千百十元角分
	账　号	098674296		账　号	120005427	
	开户银行	市工行新西办		开户银行	市工行三二办事处	￥2 6 8 2 5 0 0
人民币(大写)	贰万陆仟捌佰贰拾伍元整					
票据种类	支票					
票据张数	1		银行结算章			

此联由银行受理盖章后退还收款单位，待收妥入账后作为收账通知。

6. 12月31日,销售给太华公司B商品500台,单价21元,货款及增值税共计12 285元,存入银行。

4100993170　　　　　　　河南增值税专用发票　　　　　　No. 018578890

开票日期：2012年12月31日

购货单位	名　　称：太华公司 纳税人识别号：103336650921468788 地　址、电　话：临海市湖星路118号 开户行及账号：工行湖星办事处　065472109	密码区					
货物或应税劳务名称	规格型号	单位	数量	单价	金　额	税率	税额
B商品		件	500	21	10 500	17	1 785
合　　计					￥10 500		￥1 785
价税合计(大写)	壹万贰仟贰佰捌拾伍元整			(小写)	￥12 285.00		
销货单位	名　　称：加加公司 纳税人识别号：410366509246872 地　址、电　话：河南省信阳市新西路8号 开户行及账号：工行新西办事处　098674296	备注					

收款人：朱　东　　　　复核：陈栋栋　　　　开票人：朱　东　　　　销货单位：(章)

第二联：发票联　购货方记账凭证

发　货　单

2012年12月31日　　　　　　　　　　　第95563号

商品编号	品　名	规　格	单　位	数　量	单　价	金　额	备　注
	B商品		台	500	21	10 500.00	
合　计						￥10 500.00	

金额大写：壹万零伍佰元整

会计：陈栋栋　　　记账：陈栋栋　　　复核：马　红　　　制单：何明仪

会计记账联

中国工商银行进账单（受理回单） 1

2012 年 12 月 31 日　　　　　　　　　　　第 007686 号

付款人	全　称	太华公司	收款人	全　称	加加公司
	账　号	06572109		账　号	098674296
	开户银行	工行湖星办事处		开户银行	市工行新西办事处

人民币（大写）壹万贰仟贰佰捌拾伍元整	千	百	十	万	千	百	十	元	角	分
			¥	1	2	2	8	5	0	0

票据种类	支票
票据张数	1

此联是收款人开户银行交给收款人的回单或收账通知

7. 12 月 31 日，根据上述商品采购业务按先进先出法计算并结转 A、B 商品的销售成本。假定期初 A 商品库存 800 件，单价 12 元/台；B 商品库存 1 000 台，单价 14 元/台。

商品销售成本计算表

2012 年 12 月 31 日

商品名称	数　量	单　价	金　额	备　注
A 商品				
B 商品				
合　计				

三、实训要求
1. 分析各项购销交易情况，选择应采用何种记账凭证。
2. 依据有关经济业务的原始凭证填制记账凭证。

四、实训用品及格式
1. 实训用品。本实训需要收款凭证 4 张、付款凭证 4 张、转账凭证 9 张。
2. 参考格式。本实训所需用品的格式与实训七相同。

五、实训时间
本实训需要 3 学时。

实训七 工业企业记账凭证的填制

一、实训目的

通过实训使学生了解各种不同经济业务应填制取得的原始凭证,掌握记账凭证的填制方法。

二、实训资料

郑州安鑫绿色建材有限公司 2012 年 12 月发生的全部经济业务及其原始凭证如下:

1. 12 月 1 日,购入材料,支付货款及运费,材料验收入库。

1-1

4100993170　　　　　　　河南增值税专用发票　　　　　　　No. 00024859

开票日期:2012 年 12 月 1 日

购货单位	名　　称:郑州安鑫绿色建材有限公司 纳税人识别号:410101680966666 地址、电话:河南省郑州市经济技术开发区石化路80号　0371—666666 开户行及账号:中国工商银行郑州市分行石化路分理处　06—86566	密码区	
货物或应税劳务名称	规格型号	单位	数量	单价	金　额	税率	税　额
煤矸石		吨	20 000	10	200 000	17%	34 000
合　　计					¥200 000		¥34 000
价税合计(大写)　　　　　　贰拾叁万肆仟元整					(小写)¥234 000.00		
销货单位	税号:410036112578888 名　　称:郑州邙山采石厂 纳税人识别号:410036112578888 地址、电话:郑州市邙山区光明乡　6668735 开户行及账号:中国农业银行邙山区分行八分理处　63077890	备注	

收款人:立　娜　　复核:季　云　　开票人:王　雨　　销货单位:(章)

1-2

中国工商银行
转账支票存根
Ⅸ Ⅱ 12349935

科　　目：　　　银行存款　　　
对方科目：　　　材料采购　　　
出票日期：2012年12月1日

| 收款人：郑州邙山采石厂 |
| 金　　额：234 000.00 |
| 用　　途：购料 |

单位主管：张　飞　　　　　　会计：赵伟明

1-3

运 费 结 算 单
2012年12月1日

托运单位：郑州市运输公司	
运费金额（大写）：贰佰元整	￥200.00
货物：煤矸石	
验收：刘　静	
财会：张　飞	

注：不考虑增值税。

1-4

郑州安鑫绿色建材有限公司现金内部付款凭单
2012年12月1日　　　　　　　编号　01

领款人　　刘依依
付款用途　　支付运费
金额　　人民币（大写）贰佰元整

主管领导：王胜利　　财务主管：张　飞　　出纳：李一凡　　领款人签字：刘依依

1-5

入　库　单

生产部门
（或个人姓名）：_____　　　　2012 年 12 月 1 日　　　　　　字第　1　号

编号	物品名称	规格	单位	送验数量	实收数量	单价	金额 十万千百十元角分	备注
	煤矸石		吨	20 000	20 000	10.01	2 0 0 2 0 0 0 0	
							2 0 0 2 0 0 0 0	

第三联　送会计部门记账

厂长（经理）：王胜利　　　会计主管人员：张　飞　　　验收人：刘　静　　　交库人：张　林

2. 12 月 2 日，向安信公司托收货款收回。

2-1

托收承付凭证（收账通知）　4　　　　托收号码：

委托日期　2012 年 11 月 25 日

承付期限
到期 2012 年 12 月 2 日

付款人	全　称	安信公司	收款人	全　称	郑州安鑫绿色建材有限公司		
	账号或住址	356113		账　号	06—86566		
	开户银行	江山办事处		开户银行	石化路	行号	

金额	人民币（大写）	肆仟陆佰肆拾元整	中国工商银行 郑州市石化支行	千百十万千百十元角分 ¥ 4 6 4 0 0 0
附　件		商品发运情况 2012.11.25	合同名称号码	
附寄单证张数或册数				
备注：				

收款人开户银行凭此联收账

3. 12 月 3 日，购入材料，验收入库，货款未付。

3-1
4100993170

河南增值税专用发票

No. 00024860

开票日期：2012年12月2日

购货单位	名　　　称：郑州安鑫绿色建材有限公司 纳税人识别号：410101680966666 地　址、电　话：河南省郑州市经济技术开发区石化路80号　0371—666666 开户行及账号：中国工商银行郑州市分行石化路分理处 　　　　　　　06—86566	密码区	

货物或应税劳务名称	规格型号	单位	数量	单价	金　额	税率	税　额
水　泥		吨	100	300	30 000	17%	5 100
合　　计					¥30 000		¥5 100

价税合计（大写）　叄万伍仟壹佰元整　　　　　　　　（小写）¥35 100.00

销货单位	名　　　称：郑州长城水泥厂 　　税号：410046125228988 纳税人识别号：410046125228988 地　址、电　话：郑州市郑上路8号　747441 开户行及账号：建行建西支行　3899896	备注	

收款人：王长龄　　复核：南华西　　开票人：华　丽　　销货单位：(章)

第二联：发票联　购货方记账凭证

3-2

入　库　单

生产部门
（或个人姓名）：_____　　　　2012年12月3日　　　　字第　2　号

编号	物品名称	规格	单位	送验数量	实收数量	单价	金　　额								备注
							十万	千	百	十	元	角	分		
	水　泥		吨	100	100	300		3	0	0	0	0	0	0	
							¥	3	0	0	0	0	0	0	

厂长（经理）：王胜利　　会计主管人员：张　飞　　验收人：刘　静　　交库人：张　林

第三联　送会计部门记账

4. 12月4日，以现金购买办公用品。

4-1

郑州安鑫绿色建材有限公司现金内部付款凭单

2012年12月4日　　　　　　　　　编号　02

领　款　人	李文静
付款用途	购买打印纸
金　　额	人民币(大写)伍拾伍元整

③会计记账

主管领导：王胜利　　财务主管：张　飞　　出纳：李一凡　　领款人签名：李文静

4-2

河南省郑州市商业发票

豫国字　No. 6734114

客户名称：郑州安鑫绿色建材有限公司　　　　　2012年12月4日

货　号	品名规格	单位	数量	单价	金　额 十万千百十元角分	备注
	彩色打印机纸	包	1	55.00	5 5 0 0	②发票联
						现金
合计人民币(大写)	⊗拾⊗万⊗仟⊗佰伍拾伍元零角零分			￥55.00		

单位：(盖章)　　　　　开票人：刘　华　　　　　收款人：李　辉

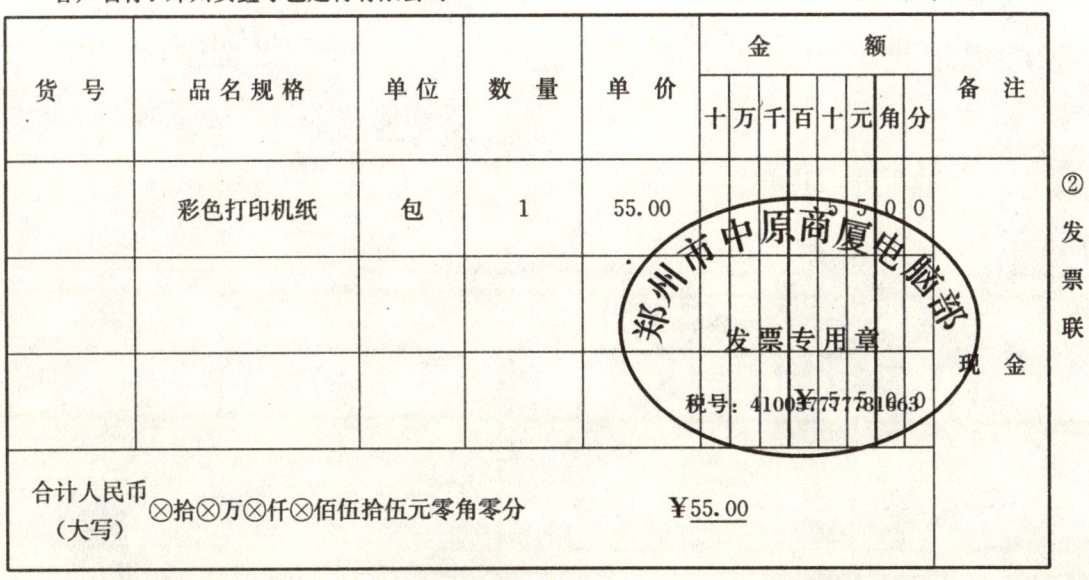

5. 12月5日，开支票支付广告费。

5-1

河南省郑州市广告业专用发票

发 票 联　　　　　　豫地税 (26)　No. 0056382
　　　　　　　　　　　　　　　(06)

客户名称：郑州安鑫绿色建材有限公司　　　　2012年12月5日

项　目	单位	数量	单价	金　　　额								
				十万	万	千	百	十	元	角	分
广告费	次	1	1 280			1	2	8	0	0	0
合计人民币（大写）：⊗拾⊗万壹仟贰佰捌拾元零角零分　　￥1 280.00												

税号：410525678954789

单位：(盖章)　　　地址：郑州市文化路8号　　　开票人：张 化

5-2

中国工商银行
转账支票存根
Ⅸ Ⅱ 12349936

科　目：　银行存款
对方科目：　销售费用
出票日期：2012年12月5日

收款人：创意广告公司
金　额：1 280.00
用　途：广告费

单位主管：王胜利　　　会计：赵伟明

6. 12月6日，以现金支付厂办招待费。

6-1

河南省郑州市饮食业专用发票

豫郑地税 （2012） No. 3293516

付款单位：郑州安鑫绿色建材有限公司　　　　　　2012年12月6日

项　目	数量	单价	超壹万元无效	金　额						说　明
				千	百	十	元	角	分	
餐　费	1次	162			1	6	2	0	0	

合计人民币(大写)⊗仟壹佰陆拾贰元零角零分　　￥162.00
税号：410325678954747

单位：(印章)　　　　　　　　　　　开票人：李　山

6-2

郑州安鑫绿色建材有限公司现金内部付款凭单

2012年12月6日　　　　　　　　　　　　　　编号　03

领款人	李　山
付款用途	餐费
金　额	人民币(大写)壹佰陆拾贰元整

主管领导：王胜利　　财务主管：张　飞　　出纳：李一凡　　领款人签名：李　山

7. 12月7日,以现金购买印花税税票。

7-1

印花税票销售凭证

填发日期 2012 年 12 月 7 日　　　　　　　　（991）豫地印　　No. 0243659

购买单位	郑州安鑫绿色建材有限公司		购买人		
购买印花税票					
票面种类	数　量	金　额	面值种类	数　量	金　额
壹角票			伍元票	6	30.00
贰角票			拾元票		
伍角票	60	30.00	伍拾元票		
壹元票	90	90.00	壹佰元票		
贰元票					150.00
金额总计(大写)⊗佰⊗拾⊗万⊗仟壹佰伍拾⊗元零角零分					
销售单位（盖章）		售票人（盖章）		备 征税专用章	

第一联（收据）购票单位作完税凭证

7-2

郑州安鑫绿色建材有限公司现金内部付款凭单

2012 年 12 月 7 日　　　　　　　　编号 04

领款人	王　红
付款用途	购印花税税票
金　额	人民币(大写)壹佰伍拾元整

③ 会计记账

主管领导：王胜利　　财务主管：张　飞　　出纳：李一凡　　领款人签名：王　红

8. 12月8日，厂办因公购邮票。

8-1

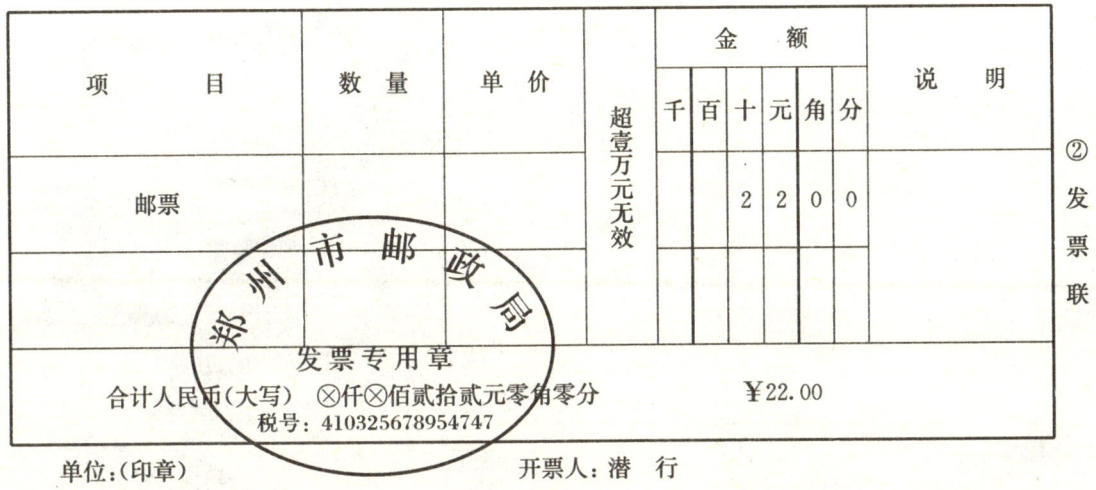

8-2

郑州安鑫绿色建材有限公司现金内部付款凭单

2012年12月8日　　　　　　　　　　编号 5

领款人	白俊文
付款用途	购邮票
金　额	人民币(大写)贰拾贰元整

主管领导：王胜利　　财务主管：张　飞　　出纳：李一凡　　领款人签名：白俊文

③会计记账

9. 12月10日，售出产品，收回货款。

9-1
4100993170

河南增值税专用发票

No. 00024285

开票日期：2012 年 12 月 10 日

购货单位	名　　称：郑州建材有限公司 纳税人识别号：410108666555333 地　址、电　话：郑州市中原西路 8 号　7344445 开户行及账号：工行中原路分理处　07－77532	密码区	

货物或应税劳务名称	规格型号	单位	数量	单价	金额	税率	税额
空心砖		块	125 000	8	1 000 000	17%	170 000
合　　计					￥1 000 000		￥170 000
价税合计（大写）		壹佰壹拾柒万元整			（小写）￥1 170 000.00		

购货单位	名　　称：郑州安鑫绿色建材有限公司 纳税人识别号：4101016809666666 地　址、电　话：河南省郑州市经济技术开发区石化路 80 号　电话 0371－666666 开户行及账号：中国工商银行郑州市分行石化路分理处　06－86566	备注	

收款人：李一凡　　复核：张　飞　　开票人：赵伟明　　销货单位：（章）

第四联：记账联　销货方记账凭证

9-2

中国工商银行进账单（收账通知）

2012 年 12 月 10 日　　　　第 1 号

付款人	全　称	郑州建材有限公司	收款人	全　称	郑州安鑫绿色建材有限公司
	账　号	07－77532		账　号	06－86566
	开户银行	工行中原路分理处		开户银行	中国工商银行郑州市分行石化路分理处

人民币（大写）	壹佰壹拾柒万元整	百十万千百十元角分 1 1 7 0 0 0 0 0 0
票据种类		中国工商银行 郑州市石化支行 2012.12.10
票据张数		
单位主管　会计　复核　记账		收款人开户行盖章

此联是收款人开户银行交给收款人的收款通知

10. 12 月 11 日，售出产品收到现金。

10-1

河南省郑州市工业发票

No. 0465288
豫国字 (02)
(2012)

客户名称：王石头　　　　　　　　　　　　2012年12月11日

货号	品名规格或加工修理项目	单位	数量	单价	金额 十万千百十元角分	备注
	空心砖		100	9.36	93600	
合计人民币（大写）	⊗拾⊗万⊗仟玖佰叁拾陆元零角零分				¥936.00	

② 发票联

单位：(盖章)　　　　开票人：赵伟明　　　　收款人：李一凡

10-2

郑州安鑫绿色建材有限公司收据

2012年12月11日　　　　　　　　　　　第1号

今收到　王石头购货款	
人民币(大写)玖佰叁拾陆元整	¥936.00
事由：购空心砖	
收款单位	本　公　司	财务主管	张　飞	收款人	李一凡

③ 会计记账

11. 12月12日，张平出差借差旅费。

11-1

借　据

部门　市场部　　　2012年12月12日　　　　　　第1号

今　借　到
人民币(大写)陆佰元整　　　　　　　此据
¥600.00
借款用途说明　因公出差
主管人批准　王胜利	财务负责人意见 同意借 张飞	部门负责人意见 同意借 李力	借款人签章 张平

② 会计记账

会计：赵伟明　　复核：张飞　　出纳：李一凡　　经手：张平

11-2

郑州安鑫绿色建材有限公司现金内部付款凭单

2012 年 12 月 12 日　　　　　　编号 06

领 款 人	张 平
付款用途	预借差旅费
金 额	人民币（大写）陆佰元整

③ 会计记账

主管领导：王胜利　　财务主管：张 飞　　出纳：李一凡　　领款人签名：张 平

12. 12月13日，支付本月上网费用180元。

12-1

中国网通河南省专用发票

发票代码 241000740186
机打号码：100019706116　　　　　　　　　　　　发票代码 00520139
日期：2012 年 12 月 13 日　　话费周期：20121201－20121231

电话号码	ZZA12002777	合同号	110403660660	设备数量						1			
				千	百	十	万	千	百	十	元	角	分
付费人	李玉飞												
实用金额	壹佰捌拾元整									1	8	0	0	0
项 目	金额（元）	项 目	金额（元）	项 目						金额（元）			
ADSL 使用费	180.00			发票专用章									
违约金	0.00			410103711702666									
综合优惠	0.00												

第二联 发票联

收款单位（盖章）：中国网通郑州分公司　　　　　收款人：22400066（手写无效）

12-2

郑州安鑫绿色建材有限公司现金内部付款凭单

2012 年 12 月 13 日　　　　　　编号 07

领 款 人	李玉飞
付款用途	支付网络使用费
金 额	人民币（大写）壹佰捌拾元整

③ 会计记账

主管领导：王胜利　　财务主管：张 飞　　出纳：李一凡　　领款人签名：李玉飞

13. 支付设备修理费用 2 020 元。

13-1

河南省郑州市工业发票

No. 0465371

豫国字 (02) (2012)

客户名称：郑州安鑫绿色建材有限公司　　　2012 年 12 月 13 日

货号	品名规格或加工修理项目	单位	数量	单价	金额 十万千百十元角分	备注
			10		2 0 2 0 0 0	② 发票联
合计人民币（大写）	税号：410101680966666　⊗拾⊗万贰仟零佰贰拾零元零角零分				￥2 020.00	

单位：(盖章)　　　开票人：赵伟明　　　收款人：李一凡

13-2

中国工商银行
转账支票存根
Ⅸ Ⅱ 12349937

科　目：　银行存款
对方科目：　制造费用
出票日期：2012 年 12 月 13 日

收款人：郑州创新机械维修公司
金　额：2 020.00
用　途：机器维修

单位主管：王胜利　　　会计：赵伟明

14. 12月16日，缴纳税款。

14-1.

中华人民共和国 税收通用缴款书 国3

积票顺序号：3
核定纳税日：15
隶属关系：县（区）级　　　　　　　　　　　　　　　　　　　　　(0312)豫国缴电 2021502
注册类型：其他有限责任公司　填发日期 2012 年 12 月 16 日　征收机关：郑州二七国家税务局

缴款单位（人）	代　码	0371666666(410101680966666)	预算科目	编　码	增值税
	全　称	郑州安鑫绿色建材有限公司		名　称	03
	开户银行	郑州信托投资公司		级　次	县(市)级
	账　号	21238063328			郑州市金库

税款所属时期 2012 年 11 月　　　税款限缴时期 2012 年 12 月 16 日

品目名称	课税数量	计税金额或销售收入	税率或单位税额	已缴或扣除额	实缴金额
工业			郑州信托投资公司		1 050.98
金额合计		（大写）壹仟零伍拾元玖角捌分	转讫		￥1 050.98

缴纳单位（盖章）　税务机关（盖章）　上列款项转收款单位账户　备注：
经办人（章）　　　填票人（章）　　　国库（银）章　年　月　日

14-2.

中华人民共和国 税收通用缴款书 地3

积票顺序号：3
核定纳税日：15
隶属关系：县（区）级　　　　　　　　　　　　　　　　　　　　　(0312)豫地缴电 2021503
注册类型：其他有限责任公司　填发日期 2012 年 12 月 16 日　征收机关：郑州二七地方税务局

缴款单位（人）	代　码	0371666666(410101680966666)	预算科目	编　码	1003 城市建设维护税
	全　称	郑州安鑫绿色建材有限公司		名　称	03
	开户银行	郑州信托投资公司		级　次	县(市)级
	账　号	21238063328			郑州市金库

税款所属时期 2012 年 11 月　　　税款限缴时期 2012 年 12 月 16 日

品目名称	课税数量	计税金额或销售收入	税率或单位税额	已缴或扣除额	实缴金额
城建税		1 050.98	郑州信托投资公司		73.57
金额合计		（大写）柒拾叁元伍角柒分	转讫		￥73.57

缴纳单位（盖章）　税务机关（盖章）　上列款项转收款单位账户　备注：
经办人（章）　　　填票人（章）　　　国库（银）章　年　月　日

14-3

积票顺序号：3
核定纳税日：15
隶属关系：县(区)级
注册类型：其他有限责任公司

中华人民共和国税收通用缴款书

地 3

(0312)豫地缴电 2021502

填发日期 2012 年 12 月 16 日　　征收机关：郑州二七地方税务局

缴款单位(人)	代码	0371666666(410101680966666)	预算科目	编码	0483 企业所得税
	全称	郑州安鑫绿色建材有限公司		名称	03
	开户银行	郑州信托投资公司		级次	县(市)级
	账号	21238063328			郑州市金库

税款所属时期 2012 年 11 月　　税款限缴时期 2012 年 12 月 16 日

品目名称	课税数量	计税金额或销售收入	税率或单位税额	已缴或扣除额	实缴金额
郑州市工业				郑州信托投资公司	630.59
金额合计		(大写)陆佰叁拾元伍角玖分		转讫	￥630.59

缴纳单(人)(盖章)　税务机关(盖章)　上列款项转收款单位账户 国库(银)　章　年 月 日　备注：
经办人(章)　填票人(章)

14-4

积票顺序号：3
核定纳税日：15
隶属关系：县(区)级
注册类型：其他有限责任公司

中华人民共和国税收通用缴款书

地 3

(0312)豫地缴电 2021503

填发日期 2012 年 12 月 16 日　　征收机关：郑州二七地方税务局

缴款单位(人)	代码	0371666666(410101680966666)	预算科目	编码	7003 教育费附加
	全称	郑州安鑫绿色建材有限公司		名称	03
	开户银行	郑州信托投资公司		级次	县(市)级
	账号	21238063328			郑州市金库

税款所属时期 2012 年 11 月　　税款限缴时期 2012 年 12 月 16 日

品目名称	课税数量	计税金额或销售收入	税率或单位税额	已缴或扣除额	实缴金额
教育费附加		1 050.98	3.00	郑州信托投资公司	31.53
金额合计		(大写)叁拾壹元伍角叁分		转讫	￥31.53

缴纳单(人)(盖章)　税务机关(盖章)　上列款项转收款单位账户 国库(银)　章　年 月 日　备注：
经办人(章)　填票人(章)

15. 12月15日，张平回厂报销差旅费。

15-1

差旅费报销单

姓名 张平　　　职别 _____　　　2012年 12 月 15 日

起日			止日			共计天数	起讫或中途停留点	公出补助费(元)			车船杂支费(元)						单据张数	金额	合计金额(元)
年	月	日	年	月	日			天数	标准	金额	火车费	汽车费	船费	飞机费	住宿费	市内交通费	杂支			
12	12	12	12	12	15		郑州—信阳 信阳—郑州	4×2	10	4×2×10=80		120			3×2×65=390	30				620

合计人民币(大写) ⊗⊗万⊗仟陆佰贰拾零元零角零分

原借旅费 __600__ 元　　报销 __620__ 元　　剩余交回 _____ 元

出差事由 _____

主管：张飞　　会计：赵伟明　　出差人员签名盖章：张华　张平

15-2

中国公路		**河南省汽车票**
CHINA HIGHWAY	郑客	A6739062

郑 州　　　　　　　　　至　　　　　　　信 阳

票价：￥30　　　　　　　检票口

售票员	乘车日期	开车时间	车次	座号	尾号
401	2012.12.12	14:30	835	37	062

当日当次有效，票价含旅客保险金，附加费。检票作废。

北京新世纪信息纸厂印制

中国公路　　　　　　河南省汽车票

CHINA HIGHWAY　　　　郑客　　　　　　A6739062

郑 州　　　　　　　　　至　　　　　　　信 阳

票价：￥30　　　　　　　检票口

售票员	乘车日期	开车时间	车次	座号	尾号
401	2012.12.12	14:30	835	38	062

当日当次有效，票价含旅客保险金，附加费。检票作废。

北京新世纪信息纸厂印制

存根 豫(郑)A No.06017	贰拾元	拾元	玖元伍角	玖元	捌元伍角	捌元	柒元伍角	柒元	陆元伍角	陆元	伍元伍角	伍元	肆元玖角	肆元捌角	肆元柒角	肆元陆角	肆元伍角	肆元肆角	肆元叁角	肆元贰角	肆元壹角	旅客报销	优 河南省 公路汽车补充客票 信阳至郑州 次号(当日有效) (含保险费·附加费) 豫(郑)A No.0061017 2012年12月15日
年月日 优 童	十九·五〇	十·〇〇	九·五〇	九·〇〇	八·五〇	八·〇〇	七·五〇	七·〇〇	六·五〇	六·〇〇	五·五〇	五·〇〇	四·九〇	四·八〇	四·七〇	四·六〇	四·五〇	四·四〇	四·三〇	四·二〇	四·一〇	车站报销	童

存根 豫(郑)A No.06018	贰拾元	拾元	玖元伍角	玖元	捌元伍角	捌元	柒元伍角	柒元	陆元伍角	陆元	伍元伍角	伍元	肆元玖角	肆元捌角	肆元柒角	肆元陆角	肆元伍角	肆元肆角	肆元叁角	肆元贰角	肆元壹角	旅客报销	优 河南省 公路汽车补充客票 信阳至郑州 次号(当日有效) (含保险费·附加费) 豫(郑)A No.0061018 2012年12月15日
年月日 优 童	十九·五〇	十·〇〇	九·五〇	九·〇〇	八·五〇	八·〇〇	七·五〇	七·〇〇	六·五〇	六·〇〇	五·五〇	五·〇〇	四·九〇	四·八〇	四·七〇	四·六〇	四·五〇	四·四〇	四·三〇	四·二〇	四·一〇	车站报销	童

存根 豫(郑)A No.06019	贰拾元	拾元	玖元伍角	玖元	捌元伍角	捌元	柒元伍角	柒元	陆元伍角	陆元	伍元伍角	伍元	肆元玖角	肆元捌角	肆元柒角	肆元陆角	肆元伍角	肆元肆角	肆元叁角	肆元贰角	肆元壹角	旅客报销	优 河南省 公路汽车补充客票 信阳至郑州 次号(当日有效) (含保险费·附加费) 豫(郑)A No.0061019 2012年12月15日
年月日 优 童	十九·五〇	十·〇〇	九·五〇	九·〇〇	八·五〇	八·〇〇	七·五〇	七·〇〇	六·五〇	六·〇〇	五·五〇	五·〇〇	四·九〇	四·八〇	四·七〇	四·六〇	四·五〇	四·四〇	四·三〇	四·二〇	四·一〇	车站报销	童

15-3

15-4

河南省信阳市信阳宾馆专用发票　No. 4364160

京地税　申地税（2012）

单位(姓名) 张平 张华　　　开票时间 2012 年 12 月 15 日

起止时间	自 2012 年 12 月 12 日至 2012 年 12 月 15 日				共 4 天						
项目	楼房号	天数	单价	人数	万	千	百	十	元	角	分
住宿	3110	3	65	二			⊗	9	0	0	0
合计金额(大写) ⊗万⊗仟叁佰玖拾零元零角零分											

收款人：吴 用

② 发票联

15-5

郑州安鑫绿色建材有限公司收据

2012 年 12 月 15 日　　　第 2 号

今收到 张平					
人民币(大写)陆佰元整			￥600.00		
事由：报差旅费					
收款单位	本公司	财务主管	张 飞	收款人	李一凡

③ 会计记账

15-6

郑州安鑫绿色建材有限公司现金内部付款凭单

2012 年 12 月 15 日　　　　　　　　编号 08

领款人	张平
付款用途	报销差旅费
金　额	人民币(大写)陆佰贰拾元整

③会计记账

主管领导：王胜利　　财务主管：张飞　　出纳：李一凡　　领款人签名：张　平

16. 12月17日，支付会计赵伟明培训费。

16-1

河南省行政事业性收费专用票据

No.0575213

交款单位或个人	郑州安鑫绿色建材有限公司	收费许可证号									备注
收费项目名称	收费标准	百	十万	千	百	十	元	角	分		
培训费				1	0	0	0	0	0		
金额(大写)	壹仟元整	￥		1	0	0	0	0	0		

第二联 收据

收费单位(印章)　　　　　　　　　　　收款人(章) 陕金叶

16-2

中国工商银行
现金支票存根

支票号码 0085485

科　目：　银行存款
对方科目：　管理费用

出票日期：2012 年 12 月 17 日

| 收款人：郑州大学 |
| 金　额：1 000.00 |
| 用　途：培训费 |
| 单位主管：王胜利　　会计：赵伟明 |

17. 12月18日，支付本月仓库租金。

17-1

河南省郑州市租赁业发票

豫国字 No. 0005846

客户名称：郑州安鑫绿色建材有限公司　　　　2012年12月18日

服务项目	单位	数量	时间	单价	金额 十万千百十元角分	备注
房租	月	1	2012年12月	1 500	¥ 1 5 0 0 0 0	② 发票联
					¥ 1 5 0 0 0 0	
合计人民币（大写）：⊗拾⊗万壹仟伍佰零元零角零分 税号：410325678955566						

单位：（盖章）　　　开票人：王 蓝　　　收款人：李家名

17-2

中国工商银行
转账支票存根
Ⅸ Ⅱ 12349938

科　目：　　　银行存款
对方科目：　　管理费用
出票日期：2012年12月18日

收款人：河南省中信物业管理有限公司

金　额：1 500.00

用　途：付租金

单位主管：王胜利　　会计：赵伟明

18. 12月19日,偿还兴和公司货款。

18-1

中国工商银行信汇凭证(回 单)

签发日期 2012 年 12 月 19 日　　　　　　　第 0238 号

收款人	全　称	兴和公司	付款人	全　称	郑州安鑫绿色建材有限公司
	账号或住址	098674289		账号或住址	06—86566
	汇出地点	陕西省洛南县	汇出行名称	洛南支行	汇入地点	河南省郑州市	汇入行名称	郑州市石化支行

金额	人民币(大写)贰万零仟零佰零拾零元整	千 百 十 万 千 百 十 元 角 分 ¥ 2 0 0 0 0 0 0

汇款用途:系付欠款

上列款项已根据委托办理,如需查询,请持此回单来行面洽。

中国工商银行
郑州市石化支行
2012.12.19

(汇出行盖章)
2012 年 12 月 19 日

此联汇出行给汇款人的回单

单位主管　　会计　　复核　　记账

---

19. 12月20日,办理银行汇票。

19-1

中国工商银行汇票委托书(存根)

2012 年 12 月 20 日　　　　　　　第 08 号

收款人	泰和公司	汇款人	郑州安鑫绿色建材有限公司
账号或地址	076285	账号或地址	06—86566
兑付地点	陕西省西安市县	汇款用途	预付货款
汇款金额	人民币(大写) 壹万贰仟捌佰元整	十 万 千 百 拾 元 角 分 ¥ 1 2 8 0 0 0 0

此联由汇款人留存作记账传票

20. 12月21日，购入新型空心砖挤压机一台，已投入使用，货款暂欠。

20-1

4100993170　　　　　　　　　　　　　　　　　　　　　　No. 00085964

河南增值税专用发票

开票日期：2012年12月21日

购货单位	名　　　称：郑州安鑫绿色建材有限公司 纳税人识别号：410101680966666 地址、电话：河南省郑州市经济技术开发区石化路80号　0371—666666 开户行及账号：中国工商银行郑州市分行石化路分理处　06—86566	密码区

货物或应税劳务名称	规格型号	单位	数量	单价	金　　额	税率	税　　额
空心砖挤压机		台	1	200 000	200 000	17％	34 000
合　　　计					￥200 000		￥34 000

价税合计（大写）　　贰拾叁万肆仟元整　　　　　（小写）￥234 000.00

销货单位	名　　　称：上海机械郑州经营部 纳税人识别号：210325668974561 地址、电话：农业路68号　5895485 开户行及账号：工行农业路分理处　51176328	备注

收款人：张伟大　　复核：江　水　　开票人：刘　欢　　销货单位：（章）

20-2

郑州安鑫绿色建材有限公司固定资产验收单

2012年12月21日

资产名称	计量单位	数量	使用年限	制造厂名称	设备价值（工程造价）
空心砖挤压机	台	1	8	上海机械	234 000
合　计					￥234 000

会计：赵伟明　　　　　　　　　验收：刘　静

21. 12月22日,将现金送存银行。

21-1

中国工商银行现金存款单（第一联回单）

2012 年 12 月 22 日

收款单位	全称	郑州安鑫绿色建材有限公司	开户银行	中国工商银行郑州市分行石化路分理处
	账号	06-86566	款项来源	

人民币（大写）	贰佰元整			百	十	万	千	百	十	元	角	分
							¥	2	0	0	0	0

票面	张数	万	千	百	十	元	角	分	票面	张数	百	十	元	角	分
壹佰元	2		2	0	0	0	0		伍角						
伍拾元									贰角						
拾元									壹角						
伍元									伍分						
贰元									贰分						
壹元									壹分						

此联由银行盖章后退回单位

本存款单金额银行全部收讫

（收款银行盖章）
收款员　　复核员

会计：赵伟明　　　复核：张　飞　　　记账：李一凡

22. 12月23日,付桑塔纳轿车有关费用。

22-1

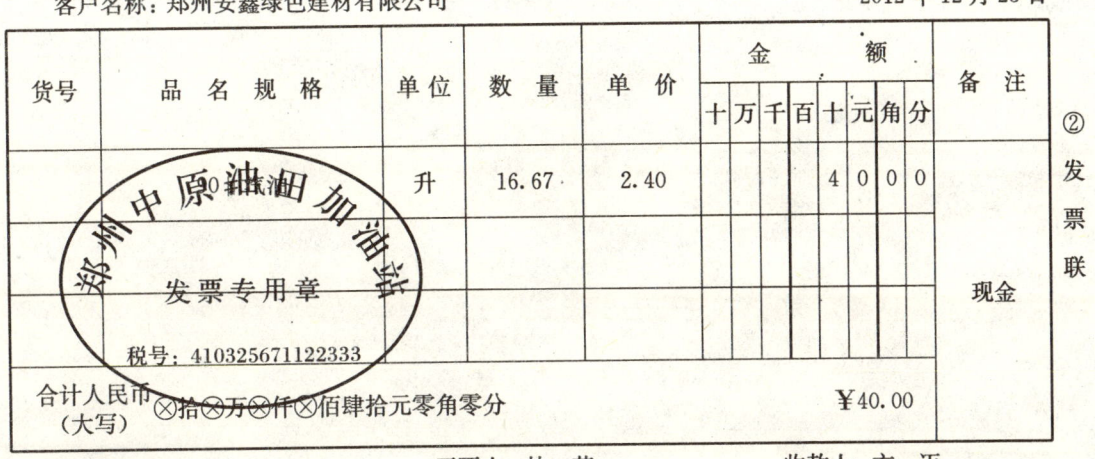

117

22-2

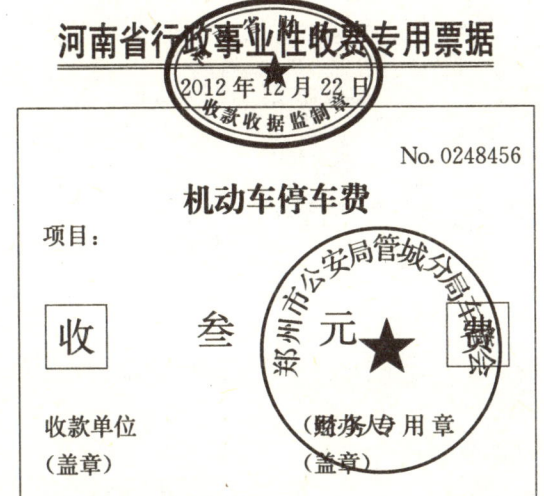
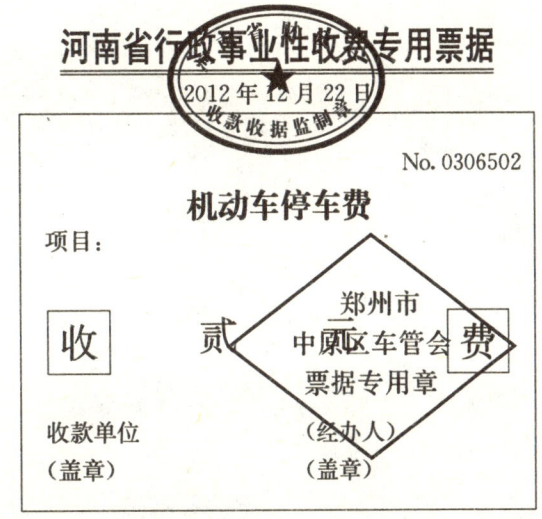
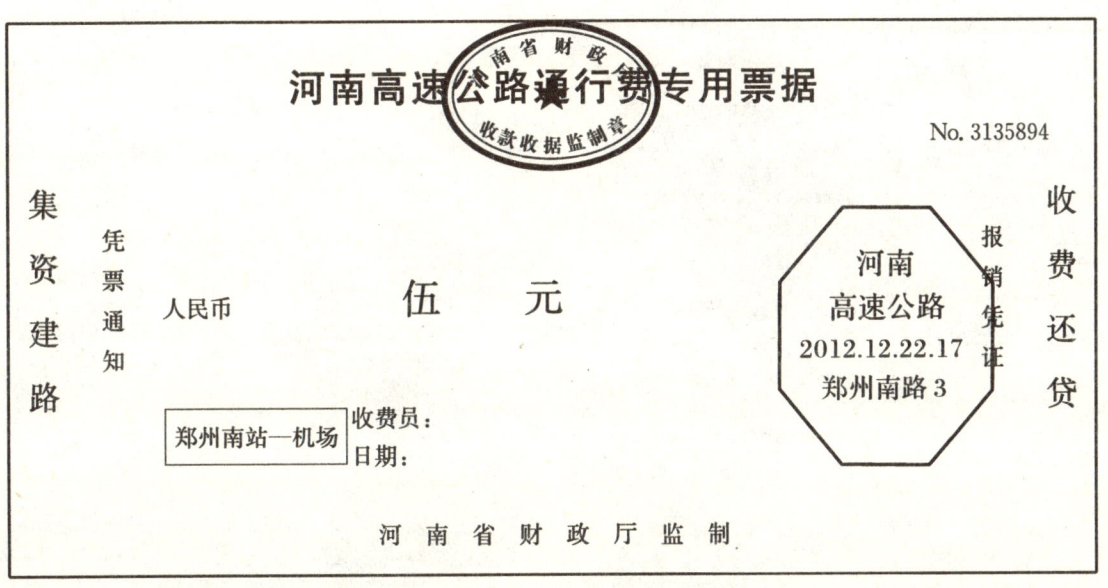

22-3

郑州安鑫绿色建材有限公司现金内部付款凭单

2012年12月23日　　　　　　　　　　　　　编号 09

领款人	王开
付款用途	桑塔纳轿车费用
金　额	人民币（大写）伍拾元整

主管领导：王胜利　　财务主管：张飞　　出纳：李一凡　　领款人签名：王开

③ 会计记账

23. 12月25日，付税务登记证换证费。

23-1

河南省郑州市地方税务局票证工本费专用发票

豫地税 No. 0141208

客户名称：郑州安鑫绿色建材有限公司　　　　2012年12月25日

票证名称	字号	起止号码	单位	数量	单价	金额 十万千百十元角分	备注
换证费				1	42	4 2 0 0	现金
合计人民币（大写）	⊗拾⊗万⊗仟⊗佰肆拾贰元零角零分					￥42.00	

收款单位：（盖章）　　收款人（签章）：刘　洋　　开票人（签章）：王　玲

② 发票联

23-2

郑州安鑫绿色建材有限公司现金内部付款凭单

2012年12月25日　　　　编号　10

领款人	王　玲
付款用途	换税务登记证
金　额	人民币（大写）肆拾贰元整

主管领导：王胜利　　财务主管：张　飞　　出纳：李一凡　　领款人签名：王　玲

③ 会计记账

24. 12月26日，制作广告宣传牌。

24-1

河南省郑州市装饰安装专用发票

豫地税 No. 0053695

客户名称：郑州安鑫绿色建材有限公司　　　　　2012年12月26日

工程编号项目	内容	单位	数量	单价	金　　　　额								备注
					十万	千	百	十	元	角	分		
	制作费	次	1	2 330			2	3	3	0	0	0	现金

合计人民币（大写）：⊗拾⊗万贰仟叁佰叁拾零元零角零分　　　￥2 330.00

承建单位：（印章）　　　开票人：王　里　　　收款人：张小帅

（郑州华联装饰有限公司 发票专用章 税号：410325671111157）

②发票联

24-2

中国工商银行
现金支票存根

支票号码 00854845

科　目：　银行存款

对方科目：　销售费用

出票日期：2012年12月26日

收款人：郑州华联装饰公司
金　额：2 330.00
用　途：广告费

单位主管：王胜利　　　会计：赵伟明

25. 12月27日,提取现金备发工资。
25-1

中国工商银行
现金支票存根

支票号码 0085486

科　　目：　　　银行存款　　　

对方科目：　　　库存现金　　　

出票日期：2012 年 12 月 27 日

| 收款人：郑州安鑫绿色建材有限责任公司 |
| 金　　额：11 212.80 |
| 用　　途：备发工资 |

单位主管：王胜利　　　　会计：赵伟明

26. 12月28日,支付电话费。
26-1

委托收款凭证(付款通知) ④　　委托号码：2986541

委托日期：2012 年 12 月 28 日　　第 03096 号

付款人	全　称	郑州安鑫建材有限公司		收款人	全　称	中国网通郑州分公司
	账　号	06-86566			账　号	0986742895
	开户银行	工行石化路办事处	行号		开户银行	工行新西办
委收金额	人民币（大写）	伍佰玖拾壹元贰角整				千百十万千百十元角分　591 2 0
款项内容		电话费		委收款项名称：电话费　2012.12.28　上列款项 1.已全部划回收人你方账户。 2.已收回部分款项收入你方账户。 3.全部未收到。　收款人开户行盖章　月　日

单位主管　　会计　　复核　　记账　　付款人开户行　　收到日期　年　月　日

26-2

中国网通集团河南省通信公司专用发票

No. E9478400

豫地税(2012)

日期：2012年12月28日　　话费周期：20121121—20121221

代表号码	666666	合同号	100332611	设备数量									
付款人	郑州安鑫绿色建材有限公司				千	百	十	万	千	百	十	元	角	分
实收金额	伍佰玖拾壹元贰角整							¥		5	9	1	2	0

项目	金额(元)	项目	金额(元)	项目	金额(元)
市话月租	20.00				
市话区内	470.00				
168声讯	—				
冲预付	—				
国内长话	101.20				
预付款	—				

销账流水：400020200308250　　收款单位：河南通信郑州市分公司　　收款人：400020

27. 12月29日，支付本年度报表审计费。

27-1

河南省郑州市其他服务行业统一发票

豫地税(2012)　　No. 0048785

客户名称：郑州安鑫绿色建材有限公司　　　　2012年12月29日

货号	服务项目	单位	数量	单价	金额									结算方式
					百	十	万	千	百	十	元	角	分	
	审验费							¥	1	6	0	0	0	0	
														转账
合计人民币（大写）	⊗佰⊗拾⊗万壹仟陆佰零拾零元零角零分								¥1 600.00					

单位：(盖章)　　　　开票人：王永　　　　收款人：魏红亮

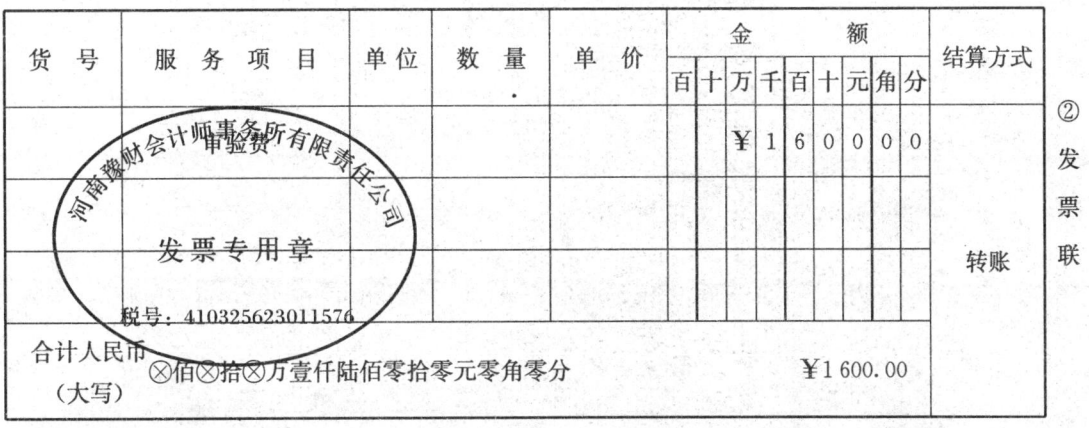

27-2

中国工商银行
转账支票存根
Ⅸ Ⅱ 12349939

科　目：　　银行存款　　
对方科目：　　管理费用　　
出票日期：2012年12月29日

| 收款人：豫财会计师事务所 |
| 金　额：1 600.00 |
| 用　途：审计费 |

单位主管：王胜利　　　　会计：赵伟明

28. 12月30日，支付本月工资。

28-1

郑州安鑫绿色建材有限公司现金内部付款凭单

2012年12月30日　　　　　　　　　　　编号　11　

领 款 人	张开元　王金泰　刘景阳
付款用途	工资
金　额	人民币(大写)壹万壹仟贰佰壹拾贰元捌角整

③ 会计记录

主管领导：王胜利　　财务主管：张　飞　　出纳：李一凡　　领款人签名：张开元　王金泰　刘景阳

工资汇总表

单位：郑州安鑫绿色建材有限公司　　　　　　　　　　　　　　　　　　　　12月份

顺序	职工级别	姓名	工作天数	基本工资	附加工资	补	贴		应发工资合计	扣回	实发工资	盖章
1		基本生产车间		7 800	89.8				7 889.8		7 889.8	张开元
2												
3		车间管理部门		1 202	—				1 202		1 202	王金泰
4												
5		行政管理部门		2 121	—				2 121		2 121	刘景阳
6												
7												
8												
9												
10												
11												
12												
13												
14												
15												
16												
		合　计		11 123	89.8				11 212.8		11 212.8	

主管：王胜利　　　　合计：赵伟明　　　　复核：张　飞　　　　出纳：李一凡　　　　制表：赵伟明

29. 12月31日,收本季度银行存款利息。

29-1

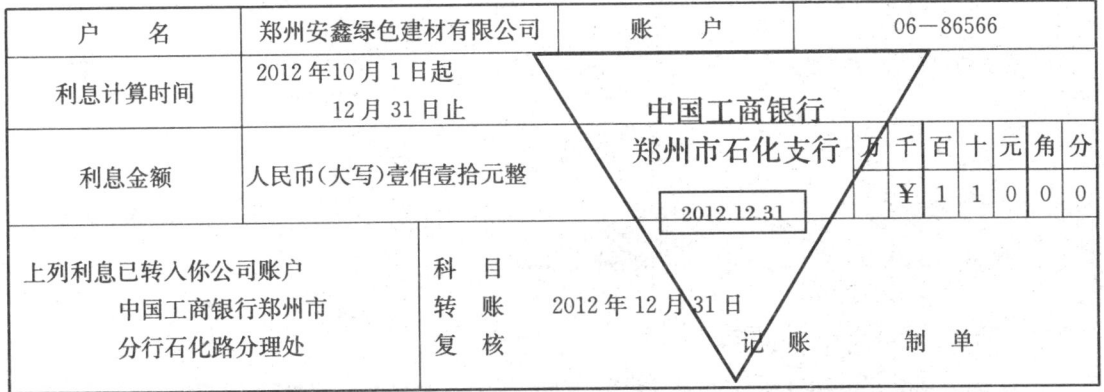

中国工商银行存款利息通知单(代付出传票)

2012年12月31日　　　　　　　　　　No.1025436

户　名	郑州安鑫绿色建材有限公司	账　户	06—86566
利息计算时间	2012年10月1日起 12月31日止		
利息金额	人民币(大写)壹佰壹拾元整		￥110．00
上列利息已转入你公司账户 中国工商银行郑州市 分行石化路分理处	科　目 转　账 复　核	2012年12月31日 记账　　制单	

30. 12月31日,复印材料。

30-1

河南省郑州市其他服务行业统一发票

豫国字(2012) No.0011563

客户名称:郑州安鑫绿色建材有限公司　　　2012年12月31日

货号	服务项目	单位	数量	单价	金额(百十万千百十元角分)	结算方式
		张	100	0.30	30．00	
合计人民币(大写) ⊗万⊗仟⊗佰叁拾零元零角零分					￥30.00	
税号:41032000301157						

单位:(盖章)　　　开票人:张仿　　　收款人:帅印

30-2

郑州安鑫绿色建材有限公司 内部付款凭单

2012年12月31日　　　　　　　编号12

领款人	帅印
付款用途	复印费
金　额	人民币(大写)叁拾元整

主管领导:王胜利　　财务主管:张飞　　出纳:李一凡　　领款人签字:帅印

31. 12月31日,支付上月水电费。

31-1

中国工商银行
转账支票存根
Ⅸ Ⅱ 12349940

科　　目：　　银行存款　　
对方科目：　　应付账款　　
出票日期：2012年12月31日

| 收款人：郑州市电业公司 |
| 金　　额：36 363.60 |
| 用　　途：电费 |

单位主管：王胜利　　　　会计：赵伟明

31-2

中国工商银行
转账支票存根
Ⅸ Ⅱ 12349941

科　　目：　　银行存款　　
对方科目：　　应付账款　　
出票日期：2012年12月31日

| 收款人：郑州市自来水公司 |
| 金　　额：18 666.00 |
| 用　　途：水费 |

单位主管：王胜利　　　　会计：赵伟明

32. 12月31日,购买水、电并对其进行分配。水电费尚未支付。

32-1

水 费 分 配 表
2012年12月31日

部　门	数　量(吨)	金　额(元)
生产车间	17 000	13 600
管理部门	1 000	800
合　计	18 000	14 400

制表：赵伟明

32-2

外购动力费分配表

2012年12月31日

部门	生产用电		照明用电	
	数量(度)	金额(元)	数量(度)	金额(元)
生产车间	50 000	20 000	1 000	400
管理部门			800	320
合计	50 000	20 000	1 800	720

制表：赵伟明

32-3

4100993170

河南增值税专用发票

No.00085367

开票日期：2012年12月31日

发票专用章

购货单位	名　　　称：郑州安鑫绿色建材有限责任公司 纳税人识别号：410101680966666 地　址、电话：河南省郑州市经济技术开发区石化路80号　电话：0371－666666 开户行及账号：中国工商银行郑州市分行石化路分理处 06－86566	密码区						
货物或应税劳务名称	规格型号	单位	数量	单价	金　　额	税率	税　额
电		千瓦时	51 800	0.40	20 720	17％	3 522.40
合　　计					¥20 720		¥3 522.40
价税合计(大写)　　贰万肆仟贰佰肆拾贰元肆角整　　(小写)¥24 242.40								
销货单位	名　　　称：郑州市电业局 纳税人识别号：410144826754123 地　址、电话：郑州市人民路11号　4382617 开户行及账号：工行人民路支行　0811111	备注						

收款人：刘文　　复核：火风　　开票人：江永　　销货单位：(章)

32-4
4100993170

河南增值税专用发票

No.00076544

开票日期：2012年12月31日

购货单位	名　　　　称：郑州安鑫绿色建材有限责任公司	密码区
	纳税人识别号：410101680966666	
	地　址、电话：河南省郑州市经济技术开发区石化路80号　电话：0371—666666	
	开户行及账号：中国工商银行郑州市分行石化路分理处 06—86566	

货物或应税劳务名称	规格型号	单位	数量	单价	金　额	税率	税　额
水		m³	18 000	0.80	14 400	13％	1 872
合　　计					￥14 400		￥1 872
价税合计（大写）	壹万陆仟贰佰柒拾贰元整				（小写）￥16 272.00		

销货单位	名　　　　称：郑州市自来水公司	备注
	纳税人识别号：410153821167012	
	地　址、电话：郑上路3号　7452891	
	开户行及账号：工行建西支行　5615320	

收款人：李黄河　　复核：王西湖　　开票人：刘永雨　　销货单位：（章）

第二联：发票联　购货方记账凭证

33. 12月31日，分配本月工资费用。

33-1

工资费用分配表

2012年12月31日

车　间　部　门	应 分 配 金 额
生产车间工人	7 889.8
车间管理人员	1 202
行政管理人员	2 121
合　计	11 212.8

制表：赵伟明

34. 12月31日，计提本月职工福利费。

34-1

职工福利费计提表

2012 年 12 月 31 日

部 门	基 数	计提比例	计提金额
生产车间工人	7 889.8		
车间管理人员	1 202		
行政管理人员	2 121		
合 计	11 212.8		

制表：

35. 12 月 31 日，提取折旧。

35-1

固定资产折旧计算表

2012 年 12 月 31 日

项 目	固定资产原值	月综合折旧表	月计提折旧额
生产车间	814 867	0.4%	
行政部门	283 690	0.4%	
合 计	1 098 557		

制表：

36. 12 月 31 日，结转本月领用材料成本。

36-1

领 料 单

领料部门 ....
生产通知
单 号 别 ....

2012 年 12 月 31 日

字第 1 号

领料用途			生产用		制造数量		制品名称		空心砖								
编号	品 名	规格	单位	请领数量	实发数量	单价	金　　额								备注
							十	万	千	百	十	元	角	分	
	粉煤灰		吨	50	50	40			2	0	0	0	0	0	
附件		张			合　计		￥		2	0	0	0	0	0	

| 主管 王胜利 | 会计 赵伟明 | 记账 赵伟明 | 发料 张静 | 领料 关村 | 制单 刘静 | 领讫日期 | 月 12 | 日 31 |

第三联 交会计部门

36-2

领 料 单

领料部门 ....
生产通知
单 号 别 ....

2012 年 12 月 31 日

字第 __2__ 号

领料用途	生产用		制造数量		制品名称	空心砖										
编号	品　名	规格	单位	请领数量	实发数量	单 价	金　　　额								备注
							十	万	千	百	十	元	角	分	
	水泥		吨	30	30			1	0	0	0	0	0	0	
	附件　　张				合　　计		¥	1	0	0	0	0	0	0	
主王 胜 管利	会赵 伟 计明	记赵 伟 账明	发张 静 料	领关 料村	制刘 静 单	领讫 日期	月 12	日 31							

第三联 交会计部门

36-3

领 料 单

领料部门 ....
生产通知
单 号 别 ....

2012 年 12 月 31 日

字第 __3__ 号

领料用途	生产用		制造数量		制品名称	空心砖										
编号	品　名	规格	单位	请领数量	实发数量	单 价	金　　　额								备注
							十	万	千	百	十	元	角	分	
	煤矸石		吨	520	520				5	2	0	1	2	0	
	附件　　张				合　　计		¥		5	2	0	1	2	0	
主王 胜 管利	会赵 伟 计明	记赵 伟 账明	发刘 静 料	领关 料村	制刘 静 单	领讫 日期	月 12	日 31							

第三联 交会计部门

37. 12月31日,计算本月应交城市维护建设税和教育费附加。

37-1

应交增值税计算表

2012 年 12 月 31 日

项　　目	当期销项税额	当期进项税额	当期应纳增值税
金　　额			

制表：赵伟明

37-2

应交城建税教育费附加计算表

2012 年 12 月 31 日

项　　目	提 取 基 数	税　率	提 取 金 额
城建税		7%	
教育费附加		3%	

制表：赵伟明

38. 12月31日,结转本月制造费用。

38-1

制造费用分配表

2012 年 12 月 31 日

项　　目	科　　目	分 配 金 额
应借科目	生产成本	
应贷科目	制造费用	

制表：赵伟明

39. 支付银行借款利息600元。

39-1

郑州市工商银行贷款利息清单(回单)

2012 年 12 月 31 日

单 位 名 称	郑州安鑫绿色建材有限公司		开户银行	工行郑州石化路分理处
结算户账户	06—86566		贷款账号	06—86566
利息金额	人民币(大写)	陆佰元整	(小写)¥600.00	
起息日	结息日　月利率	积数　利息	科目(贷)	
			对方科目(借)	
			会计　　复核　　记账	

40. 12月31日，结转本月完工产品成本(假定本月初无在产品成本，本月生产产品全部完工)。

40-1

入 库 单

生产部门
(或个人姓名)：_____　　　2012年12月31日　　　　字第　1　号

编号	物品名称	规格	单位	送验数量	实收数量	单价	金　　额									备注
							十	万	千	百	十	元	角	分	
	空心砖		块	16 800	16 800										

第三联　送会计部门记账

厂长(经理)：王胜利　　会计主管人员：张　飞　　验收人：刘　静　　交库人：刘生产

40-2

完工产品成本计算表

2012年12月31日

项　目	科　目		金　　额
应借科目	库存商品		
应贷科目	生产成本	直接材料	
		直接人工	
		制造费用	

制表：赵伟明

41. 12月31日，结转本月已销产品成本(参看库存商品明细账)。

41-1

产品销售成本计算表

2012年12月31日

项　目	数　量	单位成本	总销售成本
空心砖			

制表：赵伟明

42. 12月31日,将收入类账户余额结转"本年利润"账户。

42-1

郑州安鑫绿色建材有限责任公司内部转账单

2012年12月31日　　　　　　　　　　　编号__01__

项　　目	科　　目	金　　额
应借科目	主营业务收入	
应贷科目	本年利润	

制表：赵伟明

43. 12月31日,结转费用账户。

43-1

郑州安鑫绿色建材有限责任公司内部转账单

2012年12月31日　　　　　　　　　　　编号__02__

项　　目	科　　目	金　　额
应借科目	本年利润	
应贷科目	主管业务成本 营业税金及附加 销售费用 管理费用 财务费用	

制表：赵伟明

44. 12月31日,计算本期应交所得税。

44-1

郑州安鑫绿色建材有限责任公司内部转账单

2012年12月31日　　　　　　　　　　　编号__03__

项　　目	科　　目	金　　额
应借科目	所得税费用	
应贷科目	应交税费——应交所得税	

制表：赵伟明

44-2

应交所得税计算表

2012 年 12 月 31 日

项 目	会计利润	纳税调整	应纳税所得额	税 率	应交所得税
金 额					

制表：赵伟明

45. 12 月 31 日，结转所得税账户。

45-1

郑州安鑫绿色建材有限公司内部转账单

2012 年 12 月 31 日　　　　　　　　　编号 04

项 目	科 目	金 额
应借科目	本年利润	
应贷科目	所得税费用	

制表：赵伟明

46. 12 月 31 日，结转本年净利润[1~11 月累计发生额参看实训九资料(二)]。

46-1

郑州安鑫绿色建材有限公司内部转账单

2012 年 12 月 31 日　　　　　　　　　编号 05

项 目	科 目	金 额
应借科目	本年利润	
应贷科目	利润分配——未分配利润	

制表：赵伟明

47. 12 月 31 日，提取盈余公积。

47-1

郑州安鑫绿色建材有限公司内部转账单

2012年12月31日　　　　　　　　　　编号 06

项　目	科　目	金　额
应借科目	利润分配——提取盈余公积	
应贷科目	盈余公积	

制表：赵伟明

48. 12月31日，计提应向投资者分配利润。

48-1

郑州安鑫绿色建材有限公司内部转账单

2012年12月31日　　　　　　　　　　编号 07

项　目	科　目	金　额
应借科目	利润分配——应付利润	
应贷科目	应付利润——安顺 　　　　——金泰 　　　　——金鑫	

制表：赵伟明

49. 12月31日，结转利润分配账户。

49-1

郑州安鑫绿色建材有限责任公司内部转账单

2012年12月31日　　　　　　　　　　编号 08

项　目	科　目	金　额
应借科目	利润分配——未分配利润	
应贷科目	利润分配——提取盈余公积 　　　　——应付利润	

制表：赵伟明

三、实训提示

1. 按基础书写训练要求，规范书写阿拉伯数字、汉字、汉字大小写金额。
2. 在填制记账凭证之前，应根据原始凭证各项经济业务的发生情况，明确记账凭证各项目应填写的内容。

四、实训要求

1. 从经济业务37至经济业务48的原始凭证，由实验者本人根据当月有关资料分析计算后填制完成。
2. 根据各项经济业务的原始凭证，分别填制复式记账凭证，并连续编号。
3. 填制记账凭证时，应采用收款凭证、付款凭证和转账凭证，同时，也应训练通用记账凭证的填制。

4. 将原始凭证剪下附在对应的记账凭证后面。

五、实训用品及参考格式

1. 实训用品及数量：本训练需用收款凭证 4 张，付款凭证 24 张，转账凭证 24 张或通用记账凭证 52 张，记账凭证封面 3 张。

2. 实训用品参考格式。

收 款 凭 证

借方
科目_____　　　　　　　　　年　月　日　　　　　　　　　字第　号

摘　要	贷方总账科目	明细科目	借或贷	金　额									
				千	百	十	万	千	百	十	元	角	分
合　计													

财务主管：　　　　记账：　　　　出纳：　　　　审核：　　　　制单：

附单据　　张

付 款 凭 证

贷方
科目_____　　　　　　　　　年　月　日　　　　　　　　　字第　号

摘　要	借方总账科目	明细科目	借或贷	金　额									
				千	百	十	万	千	百	十	元	角	分
合　计													

财务主管：　　　　记账：　　　　出纳：　　　　审核：　　　　制单：

附单据　　张

转 账 凭 证

年　月　日　　　　　　　　　　　　　　　　　转字第　　号

摘要	总账科目	明细科目	√	借 方 金 额											√	贷 方 金 额									
				千	百	十	万	千	百	十	元	角	分		千	百	十	万	千	百	十	元	角	分
合计																								

财务主管：　　　　记账：　　　　审核：　　　　制单：

附单据　　张

记 账 凭 证

年　月　日　　　　　　　　　　　　　　　　　　字第　　号

摘要	总账科目	明细科目	√	借 方 金 额											√	贷 方 金 额									
				千	百	十	万	千	百	十	元	角	分		千	百	十	万	千	百	十	元	角	分
合计																								

财务主管：　　记账：　　出纳：　　审核：　　制单：

附单据　　张

六、实训时间

本实训约需 8 学时。

实训八 记账凭证的审核

一、实训目的
通过实训,使学生初步掌握记账凭证的审核方法。

二、实训资料
郑州安鑫绿色建材有限公司 2012 年 11 月发生的部分经济业务的原始凭证审核无误,该企业会计人员根据原始凭证填制的记账凭证及所附原始凭证如下:

1. 11 月 10 日,从银行提取现金备用。

收 款 凭 证

借方科目 <u>库存现金</u>　　　　2012 年 11 月 10 日　　　　字第 11 号

摘　要	贷方总账科目	明细科目	借或贷	金　额									
				千	百	十	万	千	百	十	元	角	分
提取现金	银行存款							8	0	0	0	0	0
合　计													

附单据壹张

财务主管:　　　记账:　　　出纳:　　　审核:　　　制单:

中国工商银行
现金支票存根
Ⅸ Ⅱ 02390331

科　目:　　<u>银行存款</u>
对方科目:　<u>库存现金</u>
出票日期:2012 年 11 月 10 日

| 收款人:郑州安鑫绿色建材有限公司 |
| 金　额:800.00 |
| 用　途:备用金 |

单位主管:王胜利　　　会计:赵伟明

2. 11月11日,购入材料,货款已付,材料已验收入库。

付 款 凭 证

贷方科目_____   2012 年 11 月 11 日   银付字第 4 号

摘要	借方总账科目	明细科目	借或贷	金额 千 百 十 万 千 百 十 元 角 分
购入	材料采购			2 0 0 0 0
	应交税费	应交增值税		3 4 0 0
合 计				¥ 　　　 2 3 4 0 0

财务主管：　　记账：　　出纳：　　审核：　　制单：

附单据贰张

河南省郑州市工业发票

豫国字(06)　No. 0336300
(06)

客户名称：郑州安鑫绿色建材有限公司　　　2012 年 11 月 11 日

货号	品名规格或加工修理项目	单位	数量	单价	金额 十 万 千 百 十 元 角 分	备注
	煤矸石	吨	20	11.70	2 3 4 0 0	转账支票
合计人民币(大写)	⊗拾⊗万⊗仟贰佰叁拾肆元零角零分				¥234.00	

单位：(盖章)　　　　　　开票人：王 亿　　　收款人：李 玉
税号：410036112578888

②发票联

中国工商银行
转账支票存根
Ⅸ Ⅱ 02390332

科　目：　　　银行存款
对方科目：　　材料采购
出票日期：2012 年 11 月 11 日

收款人：郑州安鑫绿色建材有限公司
金　额：234.00
用　途：购料

单位主管：王胜利　　　会计：赵伟明

入 库 单

生产部门
(或个人姓名)：_____　　　2012 年 11 月 11 日　　　字第 8810 号

编号	物品名称	规格	单位	送验数量	实收数量	单价	金额 十万千百十元角分	备注
	煤矸石		吨	20	20	11.7	2 3 4 0 0	
	合计						¥ 2 3 4 0 0	

第三联　送会计部门记账

厂长(经理)：王胜利　　会计主管人员：张　飞　　验收人：刘　静　　交库人：张　纺

3. 11月12日，生产空心砖领用材料。

转 账 凭 证

2012年11月12日　　　　　　　　　　　　　　　　　　　　　转字第4号

摘　要	总账科目	明细科目	借方金额 千百十万千百十元角分	贷方金额 千百十万千百十元角分
领料	生产成本	空心砖	3 1 0 0 0 0	
	原材料	煤矸石		1 0 0 0 0 0
		水泥		3 0 0 0 0
合计			3 1 0 0 0 0	1 3 0 0 0 0

财务主管：张　飞　　　记账：赵伟明　　　审核：张　飞　　　制单：赵伟明

附单据壹张

领　料　单

领料部门　　　　　　　
生产通知　　　　　　　　　　2012年11月12日　　　　　　　字第 28 号
单号别　　　　　　　

领料用途	生产		制造数量		制品名称	水泥				
编号	品　名	规格	单位	请领数量	实发数量	单价	金　额 十万千百十元角分	备注
	煤矸石		吨	100	100	10	1 0 0 0 0 0	
	水泥		吨	1	1	300	3 0 0 0 0	
	附件　　张				合　计		¥1 3 0 0 0 0	

| 主管 张飞 | 会计 赵伟明 | 记账 赵伟明 | 发料 刘静 | 领料 王王 | 制单 赵伟明 | 领讫日期 | 月 | 日 |

第三联 交会计部门

4. 11月12日,购入摩托车一辆。

付 款 凭 证

贷方科目 102 银行存款　　　　　2012 年 11 月 12 日　　　　　银付字第 9 号

摘　要	借方总账科目	明细科目	借或贷	金　额								
				千	百	十	万	千	百	十	元	角	分
购入办公用品	管理费用	其他						6	0	0	0	0	0
合　计							¥	6	0	0	0	0	0

附单据叁张

财务主管:张　飞　　记账:赵伟明　　出纳:李一凡　　审核:张　飞　　制单:赵伟明

河南省郑州市工业发票

豫国字(02)　No.0336300
(03)

客户名称:郑州安鑫绿色建材有限公司　　　　　　2012 年 11 月 12 日

货号	品名规格或加工修理项目	单位	数量	单价	金　额								备注
					十万	千	百	十	元	角	分	
	摩托车	辆	1	6 000		6	0	0	0	0	0	转账支票
合计人民币(大写)	⊗拾⊗万陆仟零佰零拾零元零角零分　¥6 000.00												

单位:(盖章)　号:410311118950231　开票人:李小丽　　　　收款人:王 芳

② 发票联

郑州安鑫绿色建材有限公司固定资产验收单

2012 年 11 月 12 日

资产名称	计量单位	数量	使用年限	制造厂名	设备价值(工程造价)
摩托车	辆	1	5	新大洲	6 000.00
合　计					¥6 000.00

会计:赵伟明　　　　　　　　　　　　　　　　　　验收:刘　静

(其他牌照等有关费用的核算从略)

中国工商银行
转账支票存根
Ⅸ Ⅱ 02390240

科　目：　　银行存款　　
对方科目：　　固定资产　　
出票日期：2012年11月12日

| 收款人：郑州市新大洲摩托车有限公司 |
| 金　额：6 000.00 |
| 用　途：购摩托车 |

单位主管：王胜利　　　会计：赵伟明

5. 11月30日，提取折旧。

转 账 凭 证

2012年11月30日　　　　　　　　　　　　　转字第8号

摘要	总账科目	明细科目	借方金额 千百十万千百十元角分	贷方金额 千百十万千百十元角分
提取折旧	管理费用	折旧费		3 2 5 9 4 7
	制造费用	折旧费		1 1 3 4 7 6
	累计折旧		4 3 9 4 2 3	
合计			4 3 9 4 2 3	4 3 9 4 2 3

附单据壹张

财务主管：张　飞　　记账：赵伟明　　审核：张　飞　　制单：赵伟明

折 旧 计 提 表

项　　目	固定资产	月综合折旧率	月计提折旧额
生产车间	814 867	0.4％	3 259.47
行政部门	283 690	0.4％	1 134.76
合　　计	1 098 557	0.4％	4394.23

制表：赵伟明

6. 11月30日，分配工资及提取职工福利费。

转 账 凭 证

2012年11月30日　　　　　　　　　　　　　　　转字第10 1/2 号

摘　要	总账科目	明细科目	借方金额	贷方金额
			千百十万千百十元角分	千百十万千百十元角分
分配工资	生产成本	直接人工	1 1 0 0 0 0 0	
分配工资	制造费用	工资	1 0 0 0 0 0	
分配工资	管理费用	工资	2 0 0 0 0 0	
提取福利费	生产成本	直接人工	1 5 4 0 0 0	
提取福利费	制造费用	福利费	1 1 0 0 0	
合　计				

财务主管：　　　　记账：　　　　审核：　　　　制单：

转 账 凭 证

2012年11月30日　　　　　　　　　　　　　　　转字第10 2/2 号

摘　要	总账科目	明细科目	借方金额	贷方金额
			千百十万千百十元角分	千百十万千百十元角分
	管理费用		2 8 0 0 0	
	应付职工薪酬	应付工资		1 4 0 0 0 0 0
		应付福利费		1 9 6 0 0 0
合　计				

财务主管：张　飞　　　记账：赵伟明　　　审核：张　飞　　　制单：赵伟明

郑州安鑫绿色建材有限公司工资及福利费分配表

项　　目	应分配工资(元)	应提取福利费(元)
车间生产工人	11 000	1 540
车间管理人员	1 000	140
行政管理人员	2 000	280
合　　计	14 000	1 960

制表：赵伟明

三、实训提示

记账凭证的审核应注意以下几个方面：

1. 审核记账凭证是否与所附原始凭证相一致，即记账凭证是否附有原始凭证；所附原始凭证张数与记账凭证上所列原始凭证张数是否相符；所附原始凭证的经济业务内容与记账凭证所记录的内容是否一致；记账凭证所记金额是否等于原始凭证的金额。

2. 审核记账凭证的有关项目是否填列齐全，有关人员签章是否齐全。

3. 审核记账凭证上填写的会计科目、明细分类科目及应借应贷的对应关系是否正确，内容是否符合会计准则和会计制度的规定。

4. 审核记账凭证中所反映的数字和金额是否正确。

四、实训要求

1. 对资料中经济业务的记账凭证进行审核，指出所存在的问题，并予以更正。
2. 将实训七编制的记账凭证，同桌之间相互审核，指出存在的问题。

五、实训用品及参考格式

1. 训练用品：本实验需要付款凭证3张与转账凭证4张。
2. 参考格式：本实验所需用品的格式与实训七相同。

六、实训时间

本实训大约需要2学时。

第五章 记 账

实训九 建账训练

一、实训目的

通过实训使学生掌握日记账、总账和明细账等会计账簿的设置方法。

二、实训资料

郑州安鑫绿色建材有限公司 2012 年 12 月总分类账和明细分类账户的期初余额如下：

（一）2012 年 11 月 30 日总账及明细账各账户余额

总账账户	二级及明细账户	借方余额		贷方余额		账页格式
		总账金额	明细账金额	总账金额	明细账金额	
库存现金		15 362.97				三栏式
	现金日记账		15 362.97			日记账
银行存款		365 718.60				三栏式
	中国工商银行		363 718.60			日记账
	郑州信托投资公司		2 000.00			日记账
交易性金融资产		20 000.00				三栏式
	股票投资——四川长虹		20 000.00			三栏式
应收账款		4 640.00				三栏式
	安信公司		4 640.00			三栏式
应收票据		28 000.00				三栏式
	开元公司		28 000.00			三栏式
其他应收款		500.00				三栏式
	代扣水电费		500.00			三栏式
原材料		10 000.00				三栏式
	粉煤灰		2 000.00			数量金额式
	煤矸石		4 000.00			数量金额式

(续表)

总账账户	二级及明细账户	借方余额		贷方余额		账页格式
		总账金额	明细账金额	总账金额	明细账金额	
	水泥		4 000.00			数量金额式
周转材料		4 681.00				三栏式
	在库周转材料		4 681.00			数量金额式
库存商品		615 940.00				三栏式
	空心砖		615 940.00			数量金额式
长期股权投资		36 400.00				三栏式
	深发展		36 400.00			三栏式
持有至到期投资		50 000.00				三栏式
	吉化债券		50 000.00			三栏式
固定资产		1 098 557.00				三栏式
	生产用固定资产		814 867.00			固定资产明细账
	非生产用固定资产		283 690.00			固定资产明细账
累计折旧				131 827.00		三栏式
	累计折旧				131 827.00	三栏式
无形资产		20 000.00				三栏式
	商标权		20 000.00			三栏式
短期借款				20 300.00		三栏式
	工业生产周转借款				20 300.00	三栏式
应付票据				5 000.00		三栏式
	兴华公司				5 000.00	三栏式
应付账款				75 029.60		三栏式
	兴和公司				20 000.00	三栏式
	郑州市电业公司				36 363.60	三栏式
	郑州市自来水公司				18 666.00	三栏式
其他应付款				100.00		三栏式
	职工未领工资				100.00	三栏式

(续表)

总账账户	二级及明细账户	借方余额		贷方余额		账页格式
		总账金额	明细账金额	总账金额	明细账金额	
应付职工薪酬				6 540.00		三栏式
	应付福利费				6 540.00	三栏式
应交税费				1 786.67		三栏式
	应交增值税				1 050.98	多栏式
	应交城建税				73.57	三栏式
	应交所得税				630.59	三栏式
	应交教育附加费				31.53	三栏式
长期债券				55 000.00		三栏式
	内部职工债券				55 000.00	三栏式
长期借款				60 776.30		三栏式
	专用借款本金				60 000.00	三栏式
	专用借款利息				776.30	三栏式
资本公积				100 000.00		三栏式
	资本溢价				100 000.00	三栏式
盈余公积				45 627.00		三栏式
	法定盈余公积				45 627.00	三栏式
本年利润				75 000.00		三栏式
					75 000.00	三栏式
利润分配				192 813.00		三栏式
	未分配利润				192 813.00	三栏式
实收资本				1 500 000.00		三栏式
	安顺				500 000.00	三栏式
	安泰				500 000.00	三栏式
	金鑫				500 000.00	三栏式
合 计		2 269 799.57	2 269 799.57	2 269 799.57	2 269 799.57	

(二) 2012年1～11月份损益类账户累计发生额

总账账户	二级及明细账户	借方金额		贷方金额		账页格式
		总账金额	明细账金额	总账金额	明细账金额	
主营业务收入				5 916 276.00		三栏式
	主营业务收入				5 916 276.00	多栏式
主营业务成本		5 459 173.00				三栏式
	主营业务成本		5 459 173.00			多栏式
销售费用		42 782.00				三栏式
	销售费用		42 782.00			多栏式
营业税金及附加		278 695.00				三栏式
	营业税金及附加		278 695.00			多栏式
管理费用		35 626.00				三栏式
	管理费用		35 626.00			多栏式
所得税费用		25 000.00				三栏式
	所得税费用		25 000.00			三栏式
合 计		5 841 276.00	5 841 276.00	5 916 276.00	5 916 276.00	

(三) 原材料明细账户 2012年12月1日余额

名 称	数 量（吨）	单 价	金 额
煤矸石	400	10	4 000
水泥	10	400	4 000
粉煤灰	50	40	2 000
合 计			10 000

(四) 库存商品明细账户 2012年12月1日余额

项 目	计量单位	数 量	单位成本	金 额
空心砖	块	153 985	4	615 940
合 计			4	615 940

(五) 生产成本明细项目

项　　目	直接材料	直接人工	制造费用	……

(六) 制造费用明细项目

项　　目	工资	职工福利费	水电费	折旧费	修理费	……

(七) 管理费用明细项目

项　目	工资	职工福利费	水电费	办公费	折旧费	修理费	差旅费	其他	……

三、实训提示

设置账簿的基本要求：

1. 为了保证核算内容口径的一致，必须按规定的会计科目设置账户。

2. 设置账簿时要通盘考虑，注意账簿之间的勾稽关系。

3. 登记正式账页，在摘要栏写明"期初余额"字样，依据各账户期初余额建立账簿。

四、实训要求

根据所给训练资料建立总分类账户、明细分类账户和日记账户。

五、实训用品及参考格式

1. 实训用品及数量。

现金日记账1页，银行存款日记账1页，总分类账34页，借贷余三栏式明细账29页，库存商品明细账1页，多栏式明细账8页，数量金额式明细账5页，固定资产明细账2页，应交增值税明细账1页，管理费用明细账1页。

2. 参考格式。

现 金 账

年		记账凭证		对方科目	摘要	现金支票号码	借方										贷方										√	余额									
月	日	字	号				亿	千	百	十	万	千	百	十	元	角	分	亿	千	百	十	万	千	百	十	元	角	分		亿	千	百	十	万	千	百	十	元	角	分

银 行 账

年	记账凭证		对方科目	摘要	支票		借方										贷方										✓	余额									
月 日	字	号			种类	号码	亿	千	百	十	万	千	百	十	元	角	分	亿	千	百	十	万	千	百	十	元	角	分		亿	千	百	十	万	千	百	十	元	角	分

· 173 ·

总分类账

总第......页
分第......页
会计科目或编号......银行存款......

年	凭证		摘要	借方										√	贷方										√	借或贷	余额									
月	日	字号		亿	千	百	十	万	千	百	十	元	角	分		亿	千	百	十	万	千	百	十	元	角	分		亿	千	百	十	万	千	百	十	元	角	分

明 细 账

明细科目：_____
户　名：_____

总第_____页
分第_____页

年		凭证字号		摘要	借方 亿千百十万千百十元角分	贷方 亿千百十万千百十元角分	借或贷	余额 亿千百十万千百十元角分	核对号
月	日	字	号						

库存商品成本明细账

产品编号_____ 产品名称_____ 规格_____ 计量单位_____

年		凭证		摘要	收入			发出			结存		
月	日	字	号		数量	单位成本	金额 百十万千百十元角分	数量	单位成本	金额 百十万千百十元角分	数量	单位成本	金额 百十万千百十元角分

多栏式明细账

年		凭证		摘要	合计	十万千百十元角分	十万千百十元角分	十万千百十元角分	十万千百十元角分	十万千百十元角分	十万千百十元角分
月	日	字	号								

数量金额明细分类账

总第_____页
分第_____页
编号_____

	最高存量	
	最低存量	

月	日	进价	调拨价	批发价	零售价

品名_____ 规格_____ 单位_____ 产地_____ 部类_____

年		凭证		摘要	借方			贷方			余额		
月	日	字	号		数量	单价	金额 亿千百十万千百十元角分	数量	单价	金额 亿千百十万千百十元角分	数量	单价	金额 亿千百十万千百十元角分

固定资产明细分类账

总页 _____
分页 _____

分管部门 _____ 存放地点 _____ 出厂编号 _____ 类别（大类）_____
重置价值 _____ 估价残值 _____ 使用年限 _____ 　　（小类）_____
折旧或摊销率 _____ 折旧费 _____ 财产编号 _____ 名　　称 _____
　　　　　　　　　　　　　　　　　　　　　　　　　　　　　　　规格型号 _____
　　　　　　　　　　　　　　　　　　　　　　　　　　　　　　　生产厂 _____

年	月	日	凭证号码	摘要	单价	借 方		贷 方 报废或转出		折 旧 额	余 额		✓
						数量	金额 亿千百十万千百十元角分	数量	金额 亿千百十万千百十元角分	亿千百十万千百十元角分	数量	金额 亿千百十万千百十元角分	

六、实训时间

本实训约需要 4 学时。

实训十　记账训练

一、实训目的

通过实训使学生掌握日记账、总分类账和明细分类账等会计账簿的登记方法。

二、实训资料

根据实训七资料编制的记账凭证及其所附的原始凭证、运用实训九开设的账户登记账簿。

三、实训提示

1. 必须根据审核无误的记账凭证登记账簿。

2. 必须按记账凭证的号码顺序逐日登记。

3. 注意涉及现金和银行存款相互划转业务的登记,即涉及从银行提取现金业务,要根据银行存款付款凭证登记现金日记账中现金的收入数;涉及将现金存入银行的业务,要根据现金付款凭证登记银行存款日记账中银行存款的收入数。

4. 注意各种账簿之间的勾稽关系。

四、实训要求

1. 根据有关收付款凭证,逐日逐笔登记现金日记账和银行存款日记账。

2. 根据各种记账凭证逐笔登记总分类账。

3. 根据各种原始凭证、记账凭证逐笔登记各种明细分类账。

五、实训用品

实训所需会计账簿的格式和数量与实训九相同,继续使用原建账实训用品,无须增加新账页。

六、实训时间

本实训大约需要 4 学时。

实训十一　错账更正

一、实训目的

通过实训使学生掌握各种错账的更正方法。

二、实训资料

经济业务:2012 年 11 月 8 日,以转账支票 3 000 元支付河南中兴广告有限公司的广告费。

中国工商银行

转账支票存根

IX II 02390240

科　目：　　　银行存款　　　

对方科目：　　　销售费用　　　

出票日期：2012 年 11 月 8 日

| 收款人：河南中兴广告有限公司 |
| 金　额：3 000.00 |
| 用　途：支付广告费 |

单位主管：张　飞　　　　会计：赵伟明

河南省郑州市广告业专用发票

发票联

豫地税（26）No. 0056382
(06)

客户名称：郑州安鑫绿色建材有限公司　　　　　2012 年 12 月 4 日

项　目	单位	数量	单价	金　额								
				十	万	千	百	十	元	角	分
广告费	次	1	3 000			3	0	0	0	0	0
合计人民币（大写）⊗拾⊗万叁仟零佰零拾零元零角零分　￥3 000.00
单位：（盖章）　　　　地址：郑州市文化路8号　　　开票人：张　化
税号：41004612522555417

② 发票联

假设会计人员编制记账凭证及登记有关账簿有以下几种情况,分别指出每种情况存在的问题,并采用恰当的更正方法进行更正。

(一) 第一种情况

付 款 凭 证

贷方科目<u>银行存款</u>　　　　2012年11月8日　　　　银付字第8号

摘　　要	借方总账科目	明细科目	借或贷	金　　额
				千百十万千百十元角分
支付广告费	销售费用	广告费		3 0 0 0 0 0
合　　计				¥3 0 0 0 0 0

附单据贰张

财务主管:张 飞　　记账:赵伟明　　出纳:李一凡　　审核:张 飞　　制单:赵伟明

总 分 类 账

总第 __8__ 页
分第 __1__ 页

会计科目或编号 __银行存款__

2012年		凭证字	凭证号	摘要	借方 亿千百十万千百十元角分	贷方 亿千百十万千百十元角分	借或贷	余额 亿千百十万千百十元角分
月	日							
11	1			期初余额			借	2 4 3 0 0 0 0
11	8	付	8	支付广告费		3 3 0 0 0 0	贷	2 1 0 0 0 0 0

总 分 类 账

总第 __2__ 页
分第 __1__ 页

会计科目或编号 __销售费用__

2012年		凭证字	凭证号	摘要	借方 亿千百十万千百十元角分	贷方 亿千百十万千百十元角分	借或贷	余额 亿千百十万千百十元角分
月	日							
11	8	付	8	支付广告费	3 3 0 0 0 0		借	3 3 0 0 0 0

· 183 ·

银 行 账

2012年		记账凭证		对方科目	摘要	支票		借方										贷方										借或贷	余额									
月	日	字	号			种类	号码	亿	千	百	十	万	千	百	十	元	角	分	亿	千	百	十	万	千	百	十	元	角	分	√	亿	千	百	十	万	千	百	十	元	角	分
11	8				期初余额																									借			2	4	3	0	0	0	0	0	0
	8	付	8	销售费用	支付广告业务费																			3	0	0	0	0	0	贷			2	4	0	0	0	0	0	0	0

总第 __100__ 页 分第 __88__ 页

销售费用明细账

__级科目编号及名称__

2012年		凭证		摘要	借方发生额										借方分析																												
															销售人员工资										展览费										广告费									包装费									
月	日	字	号		千	百	十	万	千	百	十	元	角	分	百	十	万	千	百	十	元	角	分	百	十	万	千	百	十	元	角	分	百	十	万	千	百	十	元	角	分	百	十	万	千	百	十	元	角	分	...
11	8	付	8	支付广告费					3	0	0	0	0	0																						3	0	0	0	0	0										...

(二) 第二种情况

付 款 凭 证

贷方科目：银行存款　　　　　　　2012 年 11 月 8 日　　　　　　　银付字第 8 号

摘　　要	借方总账科目	明细科目	借或贷	金　额									
				千	百	十	万	千	百	十	元	角	分
支付广告费	销售费用	广告费						3	0	0	0	0	0	0
合　计								¥3	0	0	0	0	0	0

附单据贰张

财务主管：张　飞　　　记账：赵伟明　　　出纳：李一凡　　　审核：张　飞　　　制单：赵伟明

银行账

2012年		记账凭证		对方科目	摘要	支票		借方	贷方	借或贷	余额
月	日	字	号			种类	号码	亿千百十万千百十元角分	亿千百十万千百十元角分		亿千百十万千百十元角分
11	8				期初余额					借	2 4 3 0 0 0 0
		付	8	销售费用	支付广告业务费				3 0 0 0 0 0 0	贷	5 7 0 0 0 0

总第 __100__ 页 分第 __88__ 页

—————一级科目编号及名称

销售费用明细账

2012年		凭证		摘要	借方发生额	借方分析				
						销售人员工资	展览费	广告费	包装费	
月	日	字	号		千百十万千百十元角分	百十万千百十元角分	百十万千百十元角分	百十万千百十元角分	百十万千百十元角分	…
11	8	付	8	支付广告费	3 0 0 0 0 0 0			3 0 0 0 0 0 0		

管理费用明细账

管理费用

年 月 日	凭证字号	摘要	借方 亿千百十万千百十元角分	贷方 亿千百十万千百十元角分	余额 亿千百十万千百十元角分	工资 十万千百十元角分	职工福利费 百十万千百十元角分	差旅费 百十万千百十元角分	办公费 百十万千百十元角分	折旧费 百十万千百十元角分	修理费 百十万千百十元角分	物资消耗 十万千百十元角分	…… 十万千百十元角分

总分类账

总第 8 页
分第 1 页

会计科目或编号 银行存款

2012年		凭证		摘要	借方		贷方		借或贷	余额	
月	日	字	号		亿千百十万千百十元角分	√	亿千百十万千百十元角分	√		亿千百十万千百十元角分	
11	1			期初余额					借	2430000	
11	8	付	8	支付广告费			300000		贷	570000	

总分类账

总第 2 页
分第 1 页

会计科目或编号 销售费用

2012年		凭证		摘要	借方		贷方		借或贷	余额	
月	日	字	号		亿千百十万千百十元角分	√	亿千百十万千百十元角分	√		亿千百十万千百十元角分	
11	8	付	8	支付广告费	300000				借	300000	

(三)第三种情况

付 款 凭 证

贷方科目 102 银行存款　　　　　2012年11月8日　　　　　银付字第8号

摘　要	借方总账科目	明细科目	借或贷	金　额									
				千	百	十	万	千	百	十	元	角	分
支付广告费	销售费用	广告费							3	0	0	0	0
合　计								¥	3	0	0	0	0

附单据贰张

财务主管：张　飞　　记账：赵伟明　　出纳：李一凡　　审核：张　飞　　制单：赵伟明

总 分 类 账

总第 8 页
分第 1 页
会计科目或编号 银行存款

2012年		凭证字号		摘要	借方 亿千百十万千百十元角分		贷方 亿千百十万千百十元角分		借或贷	余额 亿千百十万千百十元角分	
月	日										
11	1			期初余额					借	2 4 3 0 0 0 0 0	
11	8	付	8	支付广告费			3 0 0 0 0		贷	2 4 0 0 0 0 0 0	

总 分 类 账

总第 2 页
分第 1 页
会计科目或编号 销售费用

2012年		凭证字号		摘要	借方 亿千百十万千百十元角分		贷方 亿千百十万千百十元角分		借或贷	余额 亿千百十万千百十元角分	
月	日										
11	8	付	8	支付广告费	3 0 0 0 0				借	3 0 0 0 0	

· 189 ·

银 行 账

2012年		记账凭证		摘 要	对方科目	支票		借方									贷方									借或贷	余 额								
月	日	字	号			种类	号码	亿	千	百	十	万	千	百	十	元	角	分	亿	千	百	十	万	千	百	十	元	角	分		亿	千	百	十	万	千	百	十	元	角	分
11	8			期初余额																										借				2	4	3	0	0	0	0	0
	8	付	8	支付广告业务费	销售费用																			3	0	0	0	0	0	贷				2	4	0	0	0	0	0	0

销售费用明细账

总第 100 页 分第 88 页

_____级科目编号及名称 _____

2012年		凭证		摘 要	借方发生额									借 方 分 析																											
														销售人员工资									展览费									广告费									包装费	
月	日	字	号		千	百	十	万	千	百	十	元	角	分	百	十	万	千	百	十	元	角	分	百	十	万	千	百	十	元	角	分	百	十	万	千	百	十	元	角	分	…
11	8	付	8	广告费					3	0	0	0	0	0																							3	0	0	0	0	

（四）第四种情况

付 款 凭 证

贷方科目 <u>102 银行存款</u>　　　　2012 年 11 月 8 日　　　　　　银付字第 8 号

摘　　要	借方总账科目	明细科目	借或贷	金　　额									
				千	百	十	万	千	百	十	元	角	分
支付广告费	财务费用	银行手续费							3	0	0	0	0
合　　计								¥	3	0	0	0	0

附单据 壹 张

财务主管：张　飞　　　记账：赵伟明　　　出纳：李一凡　　　审核：张　飞　　　制单：赵伟明

总分类账

总第 8 页
分第 1 页
会计科目或编号 银行存款

2012年		凭证字	凭证号	摘要	借方 亿千百十万千百十元角分	贷方 亿千百十万千百十元角分	借或贷	余额 亿千百十万千百十元角分
月	日							
11	1			期初余额			借	2 4 3 0 0 0 0
11	8	付	8	支付手续费		3 0 0 0 0 0	借	2 1 3 0 0 0 0

总分类账

总第 2 页
分第 1 页
会计科目或编号 财务费用

2012年		凭证字	凭证号	摘要	借方 亿千百十万千百十元角分	贷方 亿千百十万千百十元角分	借或贷	余额 亿千百十万千百十元角分
月	日							
11	8	付	8	支付手续费	3 0 0 0 0 0		借	3 0 0 0 0 0

总 分 类 账

总第 __2__ 页
分第 __1__ 页

会计科目或编号 __销售费用__

2012年		凭证		摘要	借方		贷方		借或贷	余额	
月	日	字	号		亿千百十万千百十元角分	√	亿千百十万千百十元角分	√		亿千百十万千百十元角分	√

销售费用明细账

总第 __100__ 页 分第 __88__ 页
一级科目编号及名称 _____

2012年		凭证			摘要	借方发生额		借方分析			
								展览费	广告费	包装费	……
月	日	种类	号数			千百十万千百十元角分		销售人员工资 百十万千百十元角分	百十万千百十元角分	百十万千百十元角分	……

(五)第五种情况

付 款 凭 证

贷方科目 102 银行存款　　　　2012年11月8日　　　　银付字第 8 号

摘要	借方总账科目	明细科目	借或贷	金额 千 百 十 万 千 百 十 元 角 分
支付会议费	管理费用	会议费		8 0 0 0 0
合　计				¥ 8 0 0 0 0

附单据壹张

财务主管:张　强　　记账:王　红　　出纳:刘　梦　　审核:张　强　　制单:王　红

银 行 账

2012年		记账凭证		摘要	对方科目	支票		借方										贷方										借或贷	余额										
月	日	字	号			种类	号码	亿	千	百	十	万	千	百	十	元	角	分	亿	千	百	十	万	千	百	十	元	角	分		亿	千	百	十	万	千	百	十	元	角	分
11				期初余额																										借				2	4	3	0	0	0	0	0
	8	付	8	支付广告业务费	管理费用																			8	0	0	0	0	贷				2	3	5	0	0	0	0	0

本账页次 _____
本户页次 _____

管理费用总账

总账科目名称 __管理费用__ 明细科目名 _____

2012年		顺序号	摘要	借(收)方										贷(收)方										借或贷	余额										管理费用														
																																						办公费						业务费						其他
月	日			千	百	十	万	千	百	十	元	角	分	千	百	十	万	千	百	十	元	角	分		千	百	十	万	千	百	十	元	角	分	千	百	十	万	千	百	十	元	角	分	千	百	十	万	千	百	十	元	角	分	千	百	十	万	千	百	十	元	角	分
11	8	8	支付会议费					8	0	0	0	0												借					8	0	0	0	0					8	0	0	0	0																			

三、实训提示

全面掌握划线更正法、红字冲销法、补充登记法的内容及适用范围,熟练进行错账查找并更正。

1. 划线更正法。划线更正法是用红线把错误记录划掉,表示注销,然后把正确的内容写在错账的正上方,并加盖责任人印章的一种方法。

划线更正法适用于期末结账前发现账簿记录中文字或数字有错误而记账凭证无误。更正方法是:先在错误的文字和数字上划一条单红线注销,并使原来的字迹仍可辨认;然后在划线上方空白处用蓝字或黑字填写上正确的文字或数字,并由记账人员在更正处签章。但应注意,更正错误数字时,应将整笔数字划掉,不能只划掉其中一个或几个写错的数字。

2. 红字更正法(即红字冲销法)。红字更正法是指用红字金额冲销原有错误科目和金额的记账凭证,并据以更正账簿记录的一种方法,又称为红字冲销法、红字订正法、红字冲账法等。

红字更正法适用于期末结账前发现由于记账凭证上的会计科目错误或金额多记而造成的账簿记录错误。更正方法是:先用红字金额填制内容与原来错误的记账凭证相同的记账凭证,在"摘要"栏注明"冲销×月×日×号凭证"字样,并据以用红字金额过账,以冲销原错误记录;然后再用蓝字或黑字金额填制一张正确的记账凭证,在摘要注明"订正×月×日×号凭证"字样。

3. 补充登记法。补充登记法是按应计金额和错记金额之差用蓝字填写一张与原记账凭证内容相同的记账凭证,并据以更正账簿记录的一种方法。

补充登记法适用于期末结账前发现记账凭证中会计科目无误,但实计金额小于应计金额,并据以过账。更正的方法是:将少计金额用蓝字或黑字填制一张与原错误记账凭证内容完全相同的记账凭证,在"摘要"栏内注明"补记第×号凭证少计数",并据以过账。

四、实训要求

1. 审核记账凭证,并进行账证核对,检查账簿记录是否正确。

2. 对经济业务的原始凭证与记账凭证、记账凭证与账簿记录进行核对,找出存在的问题,采用适当的方法进行更正。

五、实训用品及主要参考格式

1. 实训用品:本试验需要付款凭证5张,总分类账8页,银行存款日记账4页,多栏式明细账4页。

2. 参考格式:本试验训练用品参考格式与实训九相同。

六、实训时间

本实训大约需要2学时。

实训十二　对账与结账

一、实训目的

通过实训使学生掌握对账与结账的方法。

二、实训资料

依据实训十资料进行对账与结账。

三、实训提示

1. 对账的内容。对账就是在结账前,将账簿记录和会计凭证核对,各种账簿之间的数字核对,账簿记录和实物及货币的实存数核对。纠正记账错误,以保证账簿记录无误。为编制会计报表提供真实可靠的会计核算资料。每个企业、事业行政单位,都要建立定期的对账制度。

对账的主要内容,一般包括以下几个方面:

(1) 账证核对。账证核对就是将各种账簿记录与记账凭证及所附的原始凭证进行核对。这种核对是在编制记账凭证和记账的日常工作中进行,使错账及时发现并更正。账证相符是保证账账、账实相符的基础。

(2) 账账核对。账账核对就是将各种账簿之间的有关数字进行核对。这种核对至少在每月末进行一次。其核对内容包括:① 现金日记账、银行存款日记账的本期发生额与现金、银行存款总分类账的相应数字核对相符。② 总分类账的全部账户的本期借方发生额合计数与贷方发生额合计数,期末借方余额合计数与贷方余额合计数,应分别对应相等。这种核对可通过编制总分类账试算平衡表进行。③ 总分类账的全部账户的本期发生额合计数和期末余额与所属明细分类账户相应数字核对符合。这种核对可通过编制明细分类账户试算平衡表进行。④ 会计部门有关财产物资的明细分类账的期末余额应与财产物资保管或使用部门的明细分类账的期末结存数核对相符。

(3) 账实核对。账实核对就是将账簿记录与各项财产物资和货币资金的实存数核对相符。账实是否相符一般要通过年终的财产清查来进行核对,平时也可以通过清查盘点来进行核对。清查核对的内容包括:① 现金日记账的余额应与实际库存现金核对相符。② 银行存款日记账的收、付记录及余额应与银行的对账单记录及余额核对相符,如有未达账项,应编制"银行存款余额调节表"进行调整。③ 各种应收、应付款明细账的余额,应与有关债权、债务单位或个人核对相符。④ 各种税金、预算交款账户的余额,应与监交机关核对相符。⑤ 财产物资明细分类账的结存数,应与清查盘点的实存数核对相符。

2. 结账的方法。结账就是当期(本月、本季、本年)的记账凭证登记完毕后,按照制度规定和管理的需要,结计出各个账户的本期发生额(月度发生额、季度发生额、年度发生额)和期末余额。

由于账簿的种类和账页的格式不同,结账的具体方法也有所不同,为了便于理解和掌握,我们将大致归纳为以下几种:

(1) 日结。现金、银行存款日记账,需要逐日结出余额。结账时,在本日最后一笔经济业务下面结计出本日发生额合计及余额,摘要栏注明"本日合计"即可。

(2) 月结。结账时,在本月最后一笔经济业务下面通栏划单红线,结出本月发生额合计和月末余额;在摘要栏注明"本月合计"字样,在借和贷栏内写明"借"和"贷"字样,在下面通栏划单红线。如果本月只发生一笔经济业务,由于这笔经济业务记录的金额就是本月发生额,结账时,只要在此记录下通栏划一单红线,表示与下月的发生额分开即可,不需另行结出"本月合计"数。如无余额,应在借或贷栏内写上"平"字样,余额栏内写上"-0-"字样,其余同上所述。

对于期末没有余额的"损益类"等账户,在加计借、贷方发生额,显示双方金额相等后,在"摘要"栏注明"本月发生额合计"字样,在其下通栏划单红线,以表示该账户月底已结平。下月在红线下连续登记。

对于不需要按月结计本期发生额的账户,如各项应收应付款明细账和各项财产物资明细账等,每次记账以后,都要随时结出余额,每月最后一笔经济业务的余额即为月末余额。月末结账时,只需要在最后一笔经济业务记录之下通栏划单红线即可。

需要结计本年累计发生额的账户,每月结账时,应在"本月合计"行下结出自年初起至本月末的累计发生额登记在月份发生额合计下面,在摘要栏内注明"本年累计"字样,并在下面通栏划单红线。

(3) 季结。季末将计算出的本季度三个月的发生额合计数,写在月结数的下一行内,在摘要栏注明"本季合计"字样,并在下面通栏划单红线。

(4) 年结。月末已结计本年累计发生额的账户,十二月末的"本年累计"就是全年累计发生额,在下面通栏划双红线表示封账。平时只需结计本月合计的账户,年终结账时,要在十二月末"本月合计"行下写出全年发生额合计及年末余额,在摘要栏内注明"本年合计"字样,并在合计数下通栏划双红线表示封账。年结后,有余额的账户,要将其余额结转下年,并在摘要栏注明"结转下年"字样,在下一会计年度新建有关会计账簿的第一行余额栏内填写上年结转的余额,并在摘要栏注明"上年结转"字样。结转的方法是将余额直接计入新账余额栏里,不需要编制记账凭证,也不必将余额再计入本年账户的相反方向,把本年有余额的账户余额变为零。

四、实训要求

1. 月末结出各类账户本期发生额及期末余额,将总分类账簿、明细分类账簿、日记账簿中的相关内容进行核对。

2. 按规定的结账方法进行结账。

五、实训时间

本实训大约需要 2 学时。

第六章 科目汇总表账务处理程序

实训十三 科目汇总表账务处理程序

一、实训目的

通过实训使学生掌握科目汇总表的编制方法和科目汇总表账务处理程序。

二、实训资料

根据实训七资料编制科目汇总表。

三、实训提示

科目汇总表核算形式的程序为:

1. 根据原始凭证或汇总原始凭证填列各种记账凭证。
2. 根据收款凭证和付款凭证按日逐项登记现金日记账和银行存款日记账。
3. 根据各种原始凭证或汇总原始凭证、记账凭证登记各种明细分类账。
4. 根据各种记账凭证,定期编制科目汇总表。
5. 根据科目汇总表登记总分类账。
6. 月终,将现金日记账、银行存款日记账、明细账的余额同有关总账账户余额核对相符。
7. 根据总账和明细账编制会计报表。

四、实训要求

1. 根据实训九资料建立总分类账户。
2. 根据实训七资料编制"T"形账户,根据"T"形账户按旬或按月编制科目汇总表。
3. 根据科目汇总表登记总分类账,并进行结账。
4. 月末结账后,进行试算平衡。

五、实训用品及参考格式

1. 实训用品:本实训需要科目汇总表3页,三栏式总分类账账页34页。
2. 参考格式:三栏式总分类账账页格式与实训九相同。

六、实训时间

本实训约需6学时。

科目汇总表

企业单位：　　　　　　　　年　月　日　　　　　附记账凭证　　张

会 计 科 目	总页	借 方 金 额 千百十万千百十元角分	贷 方 金 额 千百十万千百十元角分
合　　计			

复核　　　　　　　　　　　制表

第七章 试算平衡表及银行存款余额调节表的编制

实训十四 试算平衡表的编制

一、实训目的

通过实训使学生掌握试算平衡表的编制。

二、实训资料

根据实训九、实训十二及实训十三的资料进行编制。

三、实训提示

1. 总分类账户本期发生额及余额表的编制。编表时,首先把全部总分账户抄列到"会计科目"栏,然后将各账户的期初、期末余额和本期借、贷方发生额分别填入各金额栏。若全部账户的记录正确,则该表必然出现三对平衡数字,这三对平衡数字是账户记录正确的必要条件。

应当指出,在会计实务中,有些错误并不影响本表中借贷双方的平衡。例如:全部漏记或重复记录同一经济业务;借贷双方发生同样金额的记账错误或过账错误;过账时,账户记录发生借贷方向的错误;记错了有关账户。所以,即使出现三对平衡数字,也不能认为肯定无错。

总分类账户本期发生额及余额表可以用来检查总分类账户记录的正确性、完整性、一般了解企业经济活动和财务收支情况,并为编制会计报表提供一定的便利。

2. 明细分类账户本期发生额及余额表的编制。明细分类账户本期发生额及余额表根据各种明细分类账户的日常核算资料加以汇总编制而成,应为每个总分类账户所属的全部明细分类账户各编一张。通常是每月编制一次。本表的种类和结构受据以编制的各明细分类账户核算的具体内容和格式制约,一般有数量金额式和借贷余三栏式两种。

明细分类账户本期发生额及余额表用来检查明细分类账户的登记是否正确完整,与总分类账户本期发生额及余额表的有关账户相互核对,以便及时发现差错,予以更正。同时本表为编制会计报表提供更详细的资料,有助于进一步了解企业经济活动的具体情况。

四、实训要求

1. 编制材料总分类账户与明细分类账户试算平衡表。
2. 编制总分类账户期初余额、本期发生额、期末余额试算平衡表。

五、实训用品及参考格式

1. 实训用品:本实验需要总分类账户发生额和余额对照表1张;原材料明细账发生额和余额对照表1张。
2. 参考格式。

总分类账户发生额和余额对照表

账户名称	期初余额		本期发生额		期末余额	
	借方	贷方	借方	贷方	借方	贷方
合　计						

原材料明细账发生额和余额对照表

账户名称	计量单位	单价	期初余额		本期发生额				期末余额	
					收入		发出			
			数量	金额	数量	金额	数量	金额	数量	金额
合　计										

六、实训时间

本实训约需 4 学时。

实训十五　银行存款余额调节表的编制

一、实训目的

通过训练使学生掌握银行存款余额调节表的编制方法。

二、实训资料

郑州安鑫绿色建材有限公司 2012 年 3 月 21～31 日银行存款日记账和银行对账单有关资料如下：

银 行 对 账 单

2012年		结算凭证		摘 要	借 方	贷 方	余 额
月	日	种类	号数				
3	21			承前页			380 500
3	22	转支	♯3603	付货款	48 000		332 500
3	22	现支	♯8653	提现金	4 000		328 500
3	24	转支	♯3605	付广告费	37 200		291 300
3	25	特转	♯1480	存款利息		5 900	297 200
3	25	现支	♯8654	提差旅费	3 500		293 700
3	26	转支	♯3609	付保险费	40 000		253 700
3	26	本票	♯8461	存入货款		95 380	349 080
3	26	转支	♯3614	付用品款	600		348 480
3	29	转支	♯2003	付货款	36 800		311 680
3	29	委托	♯5721	付电话费	3 800		307 880
3	30	转支	♯3617	付养路费	3 800		304 080
3	30	特转	♯1902	贷款利息	3 500		300 580
3	30			存入现金		2 000	302 580
3	29	委托	♯1195	支付水电费	4 800		297 780
3	31	委托	♯1009	代收运费		4 000	301 780
3	31	汇票	♯2005	购设备	57 400		244 380
3	31			月末余额			244 380

银行存款日记账

2012年		凭证号	摘 要	结算凭证		对方科目	借 方	贷 方	余 额
月	日			种类	号数				
3	21		承前页						380 500
3	21	银付35	购入材料	转支	♯3603	材料采购		48 000	332 500
3	22	银付36	偿付货款	转支	♯2003	应付账款		36 800	295 700
3	22	银付37	提取现金	现支	♯8653	库存现金		4 000	291 700
3	23	银付38	支付广告费	转支	♯3605	销售费用		37 200	254 500

(续表)

2012年		凭证号	摘 要	结算凭证		对方科目	借 方	贷 方	余 额
月	日			种类	号数				
3	23	银收18	收回货款	委收	#1004	应收账款	28 300		282 800
3	24	银付39	支付保险费	转支	#3609	待摊费用		40 000	242 800
3	24	银付40	代垫运杂费	转支	#3611	应收账款		6 000	236 800
3	25	银付41	预付差旅费	现支	#8654	其他应收款		3 500	233 300
3	25	银收19	销售产品	委收	#1006	主营业务收入	18 950		252 250
3	26	银付42	购入设备	汇票	#2005	固定资产		57 400	194 850
3	26	银收20	预收货款	本票	#8461	预收账款	65 380		260 230
3	27	银付43	购办公用品	转支	#3614	管理费用		600	259 630
3	27	银付44	支付养路费	转支	#3617	管理费用		3 800	255 830
3	28	银付45	预付货款	转支	#3618	预付账款		50 000	205 830
3	29	银收21	收回货款	转支	#3685	应收账款	17 390		223 220
3	30	现付19	存入现金	回单	#24	库存现金	2 000		225 220
3	30	银付46	预付差旅费	现支	#8658	其他应收款		2 780	222 440
3	31		本月合计						222 440

三、实训提示

银行存款余额调节表的编制：

首先检查本企业银行存款日记账的正确性与完整性；然后将银行对账单与企业银行存款日记账逐笔核对。若两者余额不符，其原因大致有两个：一是记账错误，如漏记、重记、错记等情况；二是存在未达账项，即企业和银行之间，由于结算凭证在传递和办理转账手续时间上的不一致而造成的一方已登记入账而另一方尚未登记入账的款项。具体有以下四种情况：

(1) 企收银未收。即企业送存银行的款项，企业已登记存款增加，但银行尚未办妥手续而未入账。

(2) 企付银未付。即企业已开出支票或其他付款凭证，企业已登记存款减少，但银行尚未支付或未办理转账手续而未入账。

(3) 银收企未收。即银行代企业收进的款项，银行已登记存款的增加，但企业尚未收到通知而未入账。

(4) 银付企未付。即银行代企业支付的款项，银行已登记存款的减少，但企业尚未收到付款通知而未入账。

由于上述原因造成企业银行存款日记账与银行对账单的账面余额不符的情况，可通过编制"银行存款余额调节表"进行调节，调节后双方账面余额一般应相等。若不等，应进一步查明原因,直到相等为止。

四、实训要求

1. 将银行存款日记账与银行对账单按结算凭证种类和号数一一进行核对,找出未达账项及记账差错。

2. 假设企业与银行账面记录3月21日前均核对无误,3月26日第8461号本票正确金额为95 380元,编制3月份银行存款余额调节表。

3. 确定该企业的银行存款实有余额。

4. 简要分析出现未达账项的原因。

五、实训用品及参考格式

1. 实训用品:本实训需要银行存款余额调节表1份。

2. 参考格式。

银行存款余额调节表

2012年3月31日　　　　　　　　　　　　　　　　　　　　单位:元

项　　　目	金　　额	项　　　目	金　　额
企业银行存款日记账余额		银行对账单余额	
加:		加:	
减:		减:	
调节后的存款余额		调节后的存款余额	

3. 参考答案:调节后的存款余额为250 240元。

六、实训时间

本实训约需1学时。

第八章 财务报表

实训十六 资产负债表和利润表的编制

一、实训目的

通过实训使学生掌握资产负债表和利润表的编制方法。

二、实训资料

根据实训九和实训十四编制资产负债表和利润表。

三、实训提示

1. 假设该企业总分类账户与所属各明细分类账户方向相同,金额相等。
2. 资产负债表编制原理:资产=负债+所有者权益
3. 利润表编制原理:利润=收入-费用

四、实训要求

编制资产负债表和利润表。

五、实训用品及参考格式

1. 实训用品:本实验需要资产负债表1份,利润表1份。
2. 参考格式。

资 产 负 债 表

会企01表

编制单位:　　　　　　　　年　月　日　　　　　　金额单位:元

资　产	行次	年初数 01	期末数 02	负债及所有者权益	行次	年初数 03	期末数 04
流动资产:	01			流动负债:	46		
货币资金	02			短期借款	47		
交易性金融资产	03			应付票据	48		
应收票据	04			应付账款	49		
应收账款	05			预收账款	50		
减:坏账准备	06			其他应付款	51		
应收账款净额	07			应付职工薪酬	52		
预付账款	08						

(续表)

资　　产	行次	年初数 01	期末数 02	负债及所有者权益	行次	年初数 03	期末数 04
其他应收款	09			应交税费	54		
存货	10			应付股利	55		
待摊费用	12			预提费用	57		
待处理资产损益	13			一年内到期的长期负债	58		
	14			其他流动负债	59		
其他流动资产	15				60		
	16				61		
流动资产合计	17				62		
				流动负债合计	63		
长期股权投资	19			长期负债：	64		
持有至到期投资	20			长期借款	65		
固定资产：	21			长期债券	66		
固定资产原价	22			长期应付款	67		
减：累计折旧	23				68		
固定资产净值	24				69		
固定资产清理	25				70		
在建工程	26				71		
待处理固定资产损溢	27				72		
	28				73		
	29				74		
	30			其他长期负债	75		
	31			长期负债合计	76		
	32			所有者权益：	77		
固定资产合计	33			实收资本	78		
无形及其他资产：	34			资本公积	79		

(续表)

资　　产	行次	年初数 01	期末数 02	负债及所有者权益	行次	年初数 03	期末数 04
无形资产	35			盈余公积	80		
开办费	36			未分配利润	81		
长期待摊费用	37				82		
	38				83		
无形及其他资产合计	39				84		
其他长期资产：	40			所有者权益合计	85		
其他长期合计	41				86		
	42				87		
	43				88		
	44				89		
资产总计	45			负债及所有者权益合计	90		

补充资料：1. 已贴现的商业承兑汇票　　　元。
　　　　　2. 融资租入固定资产原价　　　元。

　　　　　　　　　　　　　　　复核：　　　　制表：

利　润　表

会企02表

单位：××有限公司　　　　　2012年　月　　　　　　单位：元

项　　目	行次	本月累计数	上年全年数
一、营业收入	1		
减：营业成本	2		
营业税费	3		
销售费用	4		
管理费用	5		
财务费用	6		
资产减值损失	7		
加：公允价值变动净收益	8		

(续表)

项　　目	行次	本年累计数	上年全年数
投资净收益	9		
二、营业利润（亏损"－"号填列）	10		
加：营业外收入	11		
减：营业外支出	12		
其中：非流动资产处置净损失	13		
三、利润总额	14		
减：所得税费用	15		
四、净利润	16		
五、每股收益	17		
（一）基本每股收益	18		
（二）稀释每股收益	19		

单位负责人：　　　　　　　财务负责人：　　　　　　　会计主管：

六、实训时间

本实训约需要 4 学时。

第九章　会计凭证的传递、装订和保管

实训十七　会计凭证的传递、装订和保管

一、实训目的

通过实训使学生掌握会计凭证传递程序,怎样装订及保管要求。

二、实训资料

依据实训六、实训七资料进行装订及保管。

三、训练提示

1. 会计凭证的传递:是指会计凭证从填制或取得起,经过审核、记账、装订到归档为止,在有关部门和人员之间按规定的时间、路线办理业务手续和进行处理的过程。

会计凭证传递的内容:包括规定合理的传递程序、传递时间和传递过程中的衔接手续。

首先由会计人员填制会计凭证联数,然后保证会计凭证经过必要的环节进行处理和审核,避免会计凭证在不必要的环节停留。

会计凭证传递时间,应考虑各部门和有关人员的工作内容和工作量,在正常情况下完成的时间,明确规定各种凭证在各环节停留的最长时间,不能拖延和积压会计凭证,应在报告期内完成,不允许跨期,否则将影响会计核算的准确性和及时性。

会计凭证传递过程中的衔接手续,应做到既完备严密,又简便易行。凭证的收发、交接都应按一定的手续制度办理,以保证会计凭证的安全和完整。

2. 会计凭证的装订和保管。各种会计凭证在办理好各项业务手续,并据以记账后,最后应由会计部门加以整理、归类、编号,并妥为保管。

装订和保管要求是:

(1) 各种记账凭证,连同所附原始凭证和原始凭证汇总表,要分类按顺序编号,定期(每月)装订成册,并加具封面、封底,注明单位名称、凭证种类、所属年月和起讫日期、起讫号码、凭证张数等。为防止任意拆装,应在装订处贴上封签,并由经办人员在封签处加盖骑缝章。

(2) 对一些性质相同、数量很多或各种随时需要查询的原始凭证,可以单独装订保管,在封面上写明记账凭证的日期、编号、种类,同时在记账凭证上注明"附件另订"。

(3) 各种经济合同和重要的涉外文件等凭证,应另编目录,单独登记保管,并在有关原始凭证和记账凭证上注明。

(4) 其他单位因有特殊原因需要使用原始凭证时,经本单位领导批准,可以复制,但应在专门的登记簿上进行登记,并由提供人员和收取人员共同签章。

(5) 会计凭证装订成册后,应有专人负责分类保管,年终应登记归档。会计凭证的保管期限和销毁手续,应严格遵守会计制度的有关规定。

(6) 会计凭证在归档后,应按年、分月顺序排列,以便查询。对已归档凭证的查询、调用和